Les Bienfaits de la Santé Intégrale

Sachez doser votre amour pour les 7 Trésors de la Vie et devenez abondant(e)

Ayé Victor AKPAKI
Créateur de la Méthode H.I.R.I.H.

ÉDITIONS OSE AGIR A.V.AKPAKI Créateur de la Méthode H.I.R.I.H

Droits d'auteur 2017 Ayé Victor AKPAKI
Tous droits réservés
ISBN : 978-2980693441

ÉDITIONS OSE AGIR A.V.AKPAKI Créateur de la Méthode H.I.R.I.H

Table des Matières

Le dosage idéal et harmonieux des trésors de la vie en accord avec les lois universelles ___4

AVANT-PROPOS ___9

DÉDICACE ___16

CHAPITRE 1 ___23

Le Respect chronologique du dosage d'amour des 7 trésors de la Vie. ___23

CHAPITRE 2 : La Santé spirituelle ___25

CHAPITRE 3 ___35

La Santé mentale-émotionnelle-psychique (LeBonheur) 35

CHAPITRE 4 : La Santé Physique ___46

CHAPITRE 7 : La Santé inter humaine sociale: L'Amitié ___79

La 6ÈME Richesse ___79

CHAPITRE 8 La Santé interhumaine financière : L'Argent ___87

CONCLUSION ___96

ANNEXES ___102

ANNEXE Histoires ___102

M YIH : L'amour retrouvé pour l'Univers Dieu ___102

Mme YAH : La Plénitude de la vie, récompense de la Foi pure ! ___107

ANNEXE Ma Conviction Intérieure ___111

ANNEXE B ___143

ÉDITIONS OSE AGIR A.V.AKPAKI CRÉATEUR DE LA MÉTHODE H.I.R.I.H.

AIDE MÉMOIRE Mécanismes
_____ *143*

ANNEXE C _____ *164*

Exercices & Suggestions _____ *164*

ÉDITIONS OSE AGIR A.V.AKPAKI CRÉATEUR DE LA MÉTHODE H.I.R.I.H.

ÉDITIONS OSE AGIR A.V.AKPAKI CRÉATEUR DE LA MÉTHODE H.I.R.I.H.

Le dosage idéal et harmonieux des trésors de la vie en accord avec les lois universelles

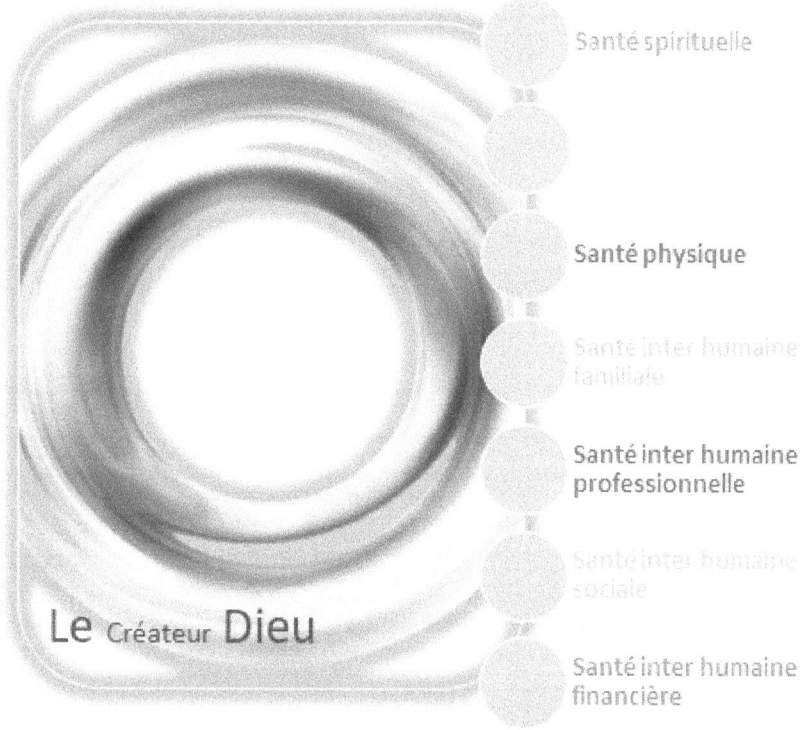

Pour apprivoiser et jouir pleinement des bienfaits que procurent les principaux trésors de la vie, les lois naturelles et universelles de la vie sur terre nous exhortent à nous comporter vis-à-vis des richesses de la vie de la manière que je vous présente dans les lignes suivantes.

ÉDITIONS OSE AGIR A.V.AKPAKI CRÉATEUR DE LA MÉTHODE H.I.R.I.H.

Je précise d'emblée que même si l'argent se trouve en septième position, **il est indubitable que c'est avec l'argent que vous pourrez maintenir harmonieusement les autres richesses**.

Retenez que ce qui compte, c'est de placer en premier, dans votre cœur votre amour pour l'Univers-Dieu et pour vous-même en tout lieu et en tout temps, et d'adorer l'argent pour tout ce qu'il nous accorde de bonheur, de richesses, d'avancement sans limite.

Pour mieux apprécier et intégrer joyeusement, le contenu de ce livre, sachez que, avec l'argent vous pouvez acheter tout ce que vous voulez sur terre, sauf l'amour inconditionnel de l'Univers-Dieu, la paix intérieure et la joie de vivre qui en découlent.

En aimant Dieu par-dessus tout, et en adorant l'argent ensuite, vous êtes assuré(e) de vivre dans la quiétude du bonheur terrestre proche du paradis terrestre.

Des exemples et des cas réels vécus à ma connaissance, et aussi des faits cités dans certaines biographies des gens célèbres et riches, prouvent avec éloquence ce que je vous présente dans ce livre.

Alors continuez **d'aimer et d'adorer l'argent** et apprenez à **VÉNÉRER l'Univers-Dieu** ; et vous allez démultiplier votre richesse et l'Abondance en tout ce qui est, et il sera votre fidèle compagnon.

Voici les composantes du dosage idéal d'amour des sept trésors de la vie :

1-   Je m'aime et j'aime l'Univers-Dieu plus que tout.

Je reçois en retour la Paix intérieure non échangeable et la sérénité, issues de l'amour inconditionnel de l'Univers-Dieu !

2-   J'aime, je chéris j'adore ma joie de vivre, et je la préserve hors de toute vibration négative.

Je reçois en retour ma confiance en soi, mon amour de moi-même, mon assurance, et mon audace se renforcent; et mon estime de soi est au Top !!

3-   J'aime mon corps physique, le temple de mon être véritable, et j'en prends un grand soin.

Je reçois de l'énergie et des échanges de vibration plaisante avec mon autre-moi-même !

4- J'aime ma famille consanguine et affective d'abord, la famille humaine ensuite.

Je reçois en retour de l'amour et de l'appréciation!

5- J'aime mon travail.

Je reçois en retour de la valorisation et je m'épanouis!

6- J'aime mes amis (es).

Je reçois en retour les bienfaits du partage !

7- J'aime et j'adore l'argent.

J'en rends grâce à L'Univers-Dieu.

Je reçois en retour tous les bienfaits matériels du bonheur terrestre !

AVANT-PROPOS

En vous décidant de doser votre amour personnel dans l'ordre naturel que je viens de vous présenter, vous établirez les assises solides de la triple santé d'une part (Santé spirituelle, santé mentale-émotionnelle, santé physique) et d'autre part, vous jouirez d'une harmonie dans vos relations inter humaines, familiales, professionnelles, et amicales.

Vous serez ainsi, doté d'une santé financière équilibrée, et radieuse, émanant surtout de votre triple santé parfaite ; votre vie sera une vie abondante dans toutes les sphères de la société humaine.

Simplement parce qu'il est démontré que notre mieux-être, ou notre joie de vivre est directement influencée positivement ou négativement par l'intensité de l'amour que vous déversez sur les 7 richesses de la Vie.

Ces 7 richesses sont en fait des dons du Créateur de l'univers visible et invisible.

À présent, je vous suggère de répondre avec un esprit de jeu et d'amusement, aux questions suivantes, afin de vous préparer à plonger dans le vif du contenu de ce présent livre

- En acquérant une santé spirituelle (paix intérieure) parfaite, votre vie ne serait-elle pas plus sereine, une sérénité indispensable à votre bonheur et à votre mieux-être physique ?

- Jouissant d'une excellente santé mentale-émotionnelle, votre estime de soi et votre amour pour vous-même, n'auront-ils pas un impact plus que favorable sur la gestion de vos émotions et celles d'autrui ?

- En étant en bonne santé physique, n'auriez-vous pas davantage d'énergie pour réaliser vos différents désirs terrestres, vous apportant plus de joie ?

- Ne seriez-vous pas d'accord d'affirmer que les relations inter humaines familiales harmonieuses et saines, constituent votre refuge imperturbable contre tous les soubresauts de la vie quotidienne ?

- En faisant passer votre travail avant les quatre dons précédents, pensez-vous réellement que vous pourrez vivre durablement en paix et vous sentir heureux ?

- En socialisant et en fondant vos relations inter humaines amicales uniquement sur des intérêts égoïstes mercantiles, ne pensez-vous pas que vous prenez le risque de vous retrouver seul en cas d'une crise majeure ?

ÉDITIONS OSE AGIR A.V.AKPAKI CRÉATEUR DE LA MÉTHODE H.I.R.I.H.

- En possédant tout l'argent du monde, tout en restant sans amis, dans une famille disharmonieuse, et de surcroit en mauvaise santé, aimeriez-vous vraiment votre vie ? En guise de réponses à ces questions, je vais maintenant vous conduire à découvrir ce que le respect ou le non-respect de l'ordre chronologique des 7 richesses de la Vie. Ces réponses émanent de mes constatations et observations vécues en ma qualité d'expert-coach-facilitateur durant plus d'une vingtaine d'années au sein des entreprises et également, en dehors des entreprises.

Je vais donc traiter dans ce livre, ces 7 richesses comme des trésors, des dons d'amour qui nous sont offerts par l'Univers-Dieu.

Selon les résultats de mes observations et de mes recherches corroborés par des expériences vécues par des milliers de gens, toutes les richesses de la terre appartiennent au Créateur, l'Univers-Dieu car c'est Lui seul qui a cette générosité illimitée inconditionnelle.

Il est donc naturel et logique de rechercher à le louer et à l'aimer avant d'aimer Ses propres richesses qu'il nous a données afin que nous puissions expérimenter notre but commun sur terre, la Joie et la joie de vivre.

Toutes ces richesses étant inter reliées, elles s'influencent les unes sur les autres justement à cause du degré d'amour que vous accordez à chacune d'elles dans votre vie.

Afin de vous faciliter la compréhension du contenu de ce livre, certaines précisions sont nécessaires et utiles.

Ainsi par exemple, le but ultime de chaque être humain sur terre étant la joie, en plaçant l'argent en septième position, cela ne veut pas dire que sans l'amour des six autres richesses vous ne devriez ou ne pourriez pas en avoir. Au contraire cherchez à vous enrichir en argent et à posséder les biens qui vous procurent la joie ; toutefois, en possédant tous les biens du monde grâce à l'argent bien mérité pensez à vénérer en premier le Donateur de toutes ces richesses dont l'argent si vous en êtes conscient(e); sinon, cherchez à vous en familiariser en méditant sur le contenu du présent livre.

M'appuyant sur ma Foi indéracinable en Dieu, sur les résultats de mes recherches en spiritualité et en développement personnel, ainsi que sur des expériences vécues réelles et tangibles des gens, je vais vous présenter la pertinence du respect chronologique de l'intensité de votre amour pour les 7 richesses de la vie.

Peu importe le nom que vous lui donnez (Dieu, Intelligence universelle, Univers, la Source, la Cause première,) si vous y croyez un tant soit peu je vous suggère vivement de lire ce livre sans préjugés et d'expérimenter comme un jeu chaque outil qui vous est proposé. Avec votre libre arbitre décidez de poursuivre ou non ces jeux joyeux tout au long de votre vie. Lisez-le avec amusement et surprenez-vous des résultats concrets que vous obtiendrez

DÉDICACE

Avant de vous présenter le contenu de ce livre, compte tenu de tous les privilèges que j'ai reçus de la Vie, je veux remercier le Créateur du monde visible et invisible pour son amour envers moi, amour qui me permet d'être un de ses canaux de transmission pour servir l'humanité Je remercie tout particulièrement les circonstances de vie qui m'ont permis d'expérimenter davantage la profondeur de ces richesses. Ce qui fait de moi un témoin vivant de la présentation de ce livre, issu donc de mes réflexions, de mes recherches, et aussi du vécu des gens que j'ai eu l'honneur et l'opportunité de côtoyer en ma qualité d'expert-coach-facilitateur-accompagnateur au sein des entreprises et auprès des particuliers durant plusieurs années.

INTRODUCTION

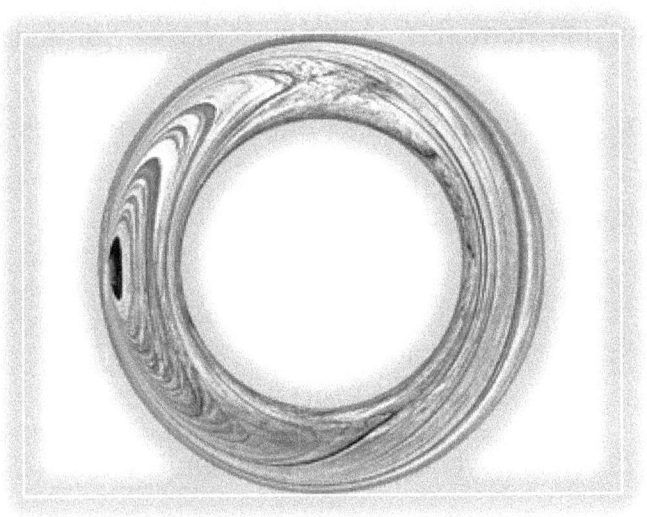

La Joie et par conséquent la joie de vivre, étant le but ultime de l'âme de chacun (chacune) de nous sur terre, c'est par le canal de ce but merveilleux que je vais vous faire découvrir et apprécier le dosage idéal d'amour qu'il est indiqué et sage d'avoir pour les 7 richesses ou trésors de la vie. Sachez que chaque richesse vous est donnée pour que vous puissiez expérimenter la Joie. Ainsi toutes les 7 richesses ont leur raison d'être ; c'est uniquement dans la façon dont vous vous en servez que votre joie terrestre sera équilibrée et harmonieuse ou non, à votre avantage ou à vos dépends. Ces 7 richesses, je les nomme :

- Santé spirituelle (Paix intérieure)

- Santé mentale-psychique-émotionnelle (Bonheur)

- Santé physique (santé)

- Relations inter humaines familiales (Famille)

- Relations inter humaines professionnelles (Travail)

- Relations inter humaines sociales (Amitié)

- Santé financière (Argent) De quelle manière, le dosage d'intensité de votre amour pour ces richesses peut-il être déterminant pour votre mieux-être ou pour votre mal être ? C'est l'engagement que je prends en vous conviant d'intégrer avec amusement le contenu du présent livre, et d'interagir autrement dorénavant avec ces 7 richesses.

En sept parties que je vous présente ces richesses, pour une plus grande simplicité de compréhension et d'application des exercices-jeux qui vous sont suggérés. Chaque richesse a un lien naturel et universel avec le Créateur, le donateur de ces richesses ; ce lien je le nomme profondeur. De ce lien naturel vous constaterez un impact certain sur vous et autour de vous dépendamment de ce que vous en faites. Afin que vous puissiez vous-même comprendre réellement la motivation d'un trop grand amour pour l'une ou pour l'autre de ces richesses, je vous montrerai les états d'être à adopter et à développer. J'ai mentionné que vous êtes convié(e) à apprendre à adopter des états d'être et non pas des façons de faire car, pour exprimer l'amour il faut être amour et être en amour. Aussi je vous suggère de lire en accéléré une première fois, le livre entièrement sans vous attarder sur les outils. Ensuite, amusez-vous avec une attitude de lecture méditative de lire chaque chapitre en vous appliquant d'intégrer les mécanismes des exercices-jeux qui s'y trouvent. Développez votre présence effective (état d'être) pour chaque richesse. Pour vous permettre de mieux cerner le contenu du présent livre vous avez en annexe, deux histoires constituées par un mélange de fiction et de réalité.

Ces deux histoires racontent l'impact tantôt positif, tantôt négatif, de l'intensité d'amour pour les richesses de la vie. Lisez ces deux histoires qui sont en fait des cas typiques, maintenant, durant ou à la fin du livre, libre à vous.

Reportez-vous à Annexe Histoires Page 102

Que l'Amour vous réchauffe et vous accompagne !

ÉDITIONS OSE AGIR A.V.AKPAKI CRÉATEUR DE LA
MÉTHODE H.I.R.I.H.

CHAPITRE 1

Le Respect chronologique du dosage d'amour des 7 trésors de la Vie.

C'est sous forme de santé que je vous présente cette chronologie que je nomme :

1-1 La chronologie naturelle et universelle de la Santé intégrale.

1- Santé spirituelle (Paix intérieure)

2- Santé mentale-émotionnelle (Joie de vivre)

3- Santé physique (Corps physique entier)

4- Santé inter humaine familiale (Famille)

5- Santé inter humaine professionnelle (Travail)

6- Santé inter humaine sociale (Amitié)

7-Santé financière (Argent)

Comme vous pouvez vous en douter, pour jouir de la santé spirituelle, il vous faut acquérir la paix intérieure, et ainsi de suite.

Le but recherché pour chaque état de santé, c'est de pouvoir jouir d'une santé excellente et harmonieuse.

La santé intégrale selon les résultats de mes recherches, est santé de l'Esprit, santé de l'Âme et du corps, en parfaite harmonie avec les membres de ma famille, mon travail, mes amis et l'argent. Telles sont les prémices de ma conviction intérieure de l'amour de la vie, qui se trouve en annexe.

Reportez-vous à Annexe Ma conviction intérieure Page 111

Alors, voulez-vous jouir d'une santé intégrale harmonieuse ?

Avec amusement découvrez chacune des 7 richesses

CHAPITRE 2 : La Santé spirituelle

La première Richesse

Par rapport à la chronologie précédemment expliquée, la santé spirituelle est la première richesse qu'il faut chercher à acquérir au quotidien car, elle symbolise la paix intérieure profonde que tout être humain sur la terre doit posséder en abondance.

Ce don du Créateur, un trésor inqualifiable se doit d'être recherchée, trouvée et sauvegardée au plus profond de soi. Pour vous permettre de vous en convaincre vous-même je vous présente maintenant les caractéristiques principales de cette richesse. Je précise d'ores et déjà qu'il en sera de même pour les six autres richesses.

2-1 La Face cachée(Profondeur) de la santé spirituelle

En jouissant de la santé spirituelle acquise par la paix intérieure vous expérimentez concrètement dans votre intérieur, la présence d'une magnificence, d'une sécurité innommable, qui représente la présence du Divin en vous. Cet état est rendu possible grâce au calme, à la quiétude, à la tranquillité, et à la sérénité, issus de la paix profonde retrouvée.

Cet état de grâce indescriptible traduit votre union avec le Divin en vous. Aussi en atteignant et en vivant ce moment de béatitude vous activez un sentiment d'amour avec cette Présence divine, en vous unissant à elle dans votre corps physique qui devient pour la circonstance votre corps spirituel ; puisque tout s'y passe sur le plan de votre âme. La paix que vous ressentez provient de votre union avec le Divin en vous, et donc avec le

Créateur du ciel et de la terre. En admettant que vous ne pouvez, vous unir à un être quel qu'il soit, si vous n'en n'éprouvez pas le désir, et la volonté, vous comprenez facilement que c'est votre degré d'amour envers cet être qui déterminera l'étendue de votre état de santé, et donc de votre richesse. Cet être, c'est le Divin en vous qu'il faut vénérer, glorifier dont vous recevez en retour la paix intérieure manifestée à travers votre santé spirituelle. Telle est la face cachée de ce premier trésor divin qu'est la santé spirituelle.

2-2 Les effets de la santé spirituelle

Bien que la paix intérieure se vive dans un état de béatitude, ses effets sont très visibles lorsque vous décidez de lui accorder l'attention et le temps nécessaires correspondant à votre intensité de l'amour qui lui est dévolu. Généralement, lorsque vous jouissez d'une santé spirituelle, voici les effets tangibles que vous constaterez au quotidien.

Le premier effet extraordinaire se traduit par une présence de plus en plus croissante du Divin en vous qui se manifeste par votre clarté d'esprit et, par une intuition davantage développée. Ces bienfaits vous procurent un sentiment de repos intérieur imperturbable vous permettant d'expérimenter régulièrement la vérité et la liberté de votre être intime.

Le deuxième effet se traduit par un réel ressenti de la plénitude qui se manifeste réellement dans la vie par une protection, une sécurité, et un secours invisible permanent. Ce rempart divin se répercute sur votre santé physique et sur la gestion des courants et des contre courants qui peuvent apparaitre dans vos différentes sphères de vie.

Troisièmement par conséquent, en ayant la santé spirituelle vous devenez un soleil de vie, de joie, de positivisme, d'audace, de courage, de paix pour vous-même, et ensuite pour autrui, en plus d'avoir un amour croissant pour le Divin en vous.

Quatrièmement grâce à la paix intérieure acquise et constamment renouvelée, vous êtes plus apte à mieux gérer vos émotions et celles des autres, par une communication inter humaine plus fluide et plus positive fondée sur votre amour du Divin que vous savez existant en chaque être humain. Par ailleurs les valeurs fondamentales de votre vie seront désormais axées sur la recherche et l'atteinte de l'harmonie en vous, dans votre famille, dans les autres cercles de relations inter humaines. Vous sachant être constamment aimé par le Divin en vous, et ressentant le désir d'augmenter votre amour pour Lui, tout ce qui peut perturber votre paix intérieure est mis hors de vous en tout temps. Volontairement, je préfère vous présenter les effets positifs de la santé spirituelle acquise. Toutefois, sachez qu'une plus grande irritabilité surtout chronique, une peur enracinée de «la peur d'avoir peur» de tout et de rien occasionnant des circonstances malheureuses autour de soi, sont des symptômes d'un manque de paix profonde. Alors comment être et faire pour acquérir et jouir de la santé spirituelle ? En voici les ingrédients indispensables.

2-3 Mécanismes pour la santé spirituelle

Pour acquérir une excellente santé spirituelle, habituez-vous à effectuer l'harmonisation intérieure le plus simplement possible. Aussi, chaque jour avant de vaquer à vos occupations journalières, prenez au moins 5 minutes pour vous unir au Divin qui est en vous en décidant et en désirant être en contact avec Lui. Considérez que le Divin en vous, est Amour-Sagesse-Beauté ou Lumière-Vie-Amour. Pour développer votre intimité avec le Divin, adoptez les attitudes suivantes à savoir :

- Tournez votre attention dans l'espace de votre cœur, communiquez avec Lui en vous débarrassant de toutes vos préoccupations, questionnements, soucis du moment ; dans un état de calme et de détente

- Demeurez en silence dans cet espace sacré en vous laissant absorber par l'amour, la sagesse et la vérité, en étant certain(e) que vous êtes aimé(e) par Lui.

- Ainsi pour témoigner et manifester votre amour à l'Univers-Dieu en vous, il suffit seulement de vous laisser bercer par Son amour et de vous inonder par sa lumière.

- Laissez-vous ressentir cette vague d'amour qui se traduit par une paix intérieure unique à chaque être humain, et visualisez-la comme un océan de lumière qui circule dans tout votre organisme.

- Partagez en pensée avec tous les êtres humains en tous lieux, cette paix reçue en demandant au Créateur en vous de leur en procurer également.

ÉDITIONS OSE AGIR A.V.AKPAKI CRÉATEUR DE LA MÉTHODE H.I.R.I.H.

- Après cette période d'harmonisation qui idéalement ira en s'intensifiant en durée et en amour, développez l'habitude de ne voir que le bien, le bon et le beau, en toute situation et en toute personne humaine. Que vos attitudes de vie quotidienne soient toujours empreintes de pensées positives envers vous-même et envers autrui. Recommencez chaque jour, encore et encore, et vous serez émerveillé (e)

CHAPITRE 3

La Santé mentale-émotionnelle-psychique (Le Bonheur)

La 2ᵉᵐᵉ Richesse

Jouir d'une excellente santé mentale, c'est avoir la capacité de se sentir bien en vous-même en tout temps et en tout lieu quoi qu'il arrive ; c'est d'être heureux sans aucun mobile précis et sans aucun apport extérieur à vous.

En fait, c'est de vous sentir aimé(e) par un être dont vous seul(e) connaissez son existence et à qui vous répondez constamment, réciproquement à son amour. Cet être amoureux de vous c'est le Divin Créateur qui réside en vous.

3-1 La Face cachée(Profondeur) de la santé mentale-émotionnelle (psychique)

Le désir d'acquérir une santé mentale est un besoin naturel humain, qui est celui d'expérimenter la joie au quotidien. Cette sensation de bien-être qui se manifeste au-dedans de vous devient visible et tangible dans la joie de vivre que vous dégagez. N'eut été l'amour que vous recevez du Divin en vous, vous ne pourrez explorer cette sensation spécifique.

Conséquemment, votre amour de vous-même va se développer davantage au point de vouloir le partager non plus uniquement avec le Divin Créateur mais aussi avec votre entourage, voire au-delà. Car vous sentant de plus en plus riche en amour de soi, amour du Divin, vous constaterez que vous êtes en fait davantage riche.

La santé mentale comme richesse est la première manifestation visible de votre bonheur émanant de l'acquisition de la santé spirituelle. Lorsque vous êtes capable d'affirmer sereinement que vous êtes de plus en plus calme, détendu(e), de plus en plus paisible, que vous êtes enjoué(e), et que vous avez Foi en Dieu soyez certain(e) que votre santé mentale-émotionnelle est hors de tout désagrément, en lieu sûr dans votre cœur. En vous levant chaque jour le matin et vous sentir aimé(e), éprouver le plaisir d'aimer d'abord vous-même, le Divin en vous et ensuite les autres, sans recevoir nécessairement un bien matériel quelconque, c'est découvrir et vous apprivoiser la profondeur de la santé mentale, émotionnelle, psychique. Telle est la face cachée de ce deuxième trésor divin qu'est la santé mentale.

3-2 Les effets de la santé mentale-psychique

Entouré de grâces est, l'individu jouissant d'une excellente santé émotionnelle. Ces grâces se manifestent par des effets tangibles suivants.

Le premier effet unique, de cette acquisition est de pouvoir disposer de plus de temps malgré les tâches journalières pour vous aimer, pour aimer le Divin en vous et autour de vous, en l'occurrence votre famille immédiate. Le temps étant une conception humaine, il prend désormais une autre signification pour vous, vous permettant d'accomplir davantage de choses en moins de temps. Ce qui vous libère plus de temps pour vous occuper de ce qui est important pour vous : Expérimenter la joie, vous aimer, aimer le Divin et manifester cet amour en toute situation. Par ce que, entouré de grâces votre joie de vivre communicative met sur votre chemin des opportunités favorables, provoquant des circonstances de vie de plus en plus satisfaisante et positive. Cet état de grâces permanent vous confère de développer davantage de respect, de sincérité en étant de plus en plus en affinité avec les gens qui vous entourent.

Le deuxième effet, vraiment tangible se manifeste par votre amour plus prononcé de votre corps physique, vous sentant de mieux en mieux en vous-même ; ce qui vous permet de laisser plus de place au Divin en vous de se dévoiler davantage au monde pour rayonner dans votre vie et dans vos activités. La recherche de la pureté en tout et partout fait désormais partie de nouvelles aptitudes et attitudes générées par votre santé mentale. Votre joie de vivre amplifie votre paix intérieure et vous êtes de plus en plus en harmonie avec la nature, avec les arbres, les plantes, les fleurs, avec les animaux, les oiseaux, les pierres et les minéraux. Votre joie déborde et embrasse tout ce que vous touchez.

Le troisième effet, se répercute sur vos manières d'inter agir avec vos émotions et avec celles des autres de votre entourage, en fonction de vos valeurs personnelles fondées sur votre amour de vous-même, du Divin en vous. Ainsi vos communications inter humaines sont plus plaisantes parce que basées essentiellement sur l'affinité, la sincérité et le respect de soi et des autres. Par conséquent, vous canalisez plus aisément vos émotions et vous permettez aux gens de votre entourage d'essayer de vous suivre en exemple. La santé intégrale étant votre objectif, non seulement vous évitez de vous stresser par quoi que ce soit ou par qui que ce soit, mais surtout vous vous créez les conditions favorables à la paix en tout, et partout. Cela vous est facile à vivre par ce que vous savez que tout provient de votre intérieur et donc du Divin en vous.

Malheureusement lorsque l'être humain ne se sent pas bien en lui-même, n'aime pas sa vie ni la Vie tout court, c'est parce que sa santé mentale est déficiente. Cet état de santé génère et accroit sa morosité, sa démotivation et son découragement, en plus du laisser-aller de son corps physique. Avant d'aborder les attitudes nécessaires et indispensables pour acquérir et jouir d'une excellente santé émotionnelle, je précise que le Créateur Dieu est Amour inconditionnel. Quel que soit l'état dans lequel vous vous trouvez présentement par rapport à votre santé mentale, votre joie de vivre, il suffit de vous tourner vers Lui et tout se rétablira en vous et autour de vous.

3-2 Mécanismes pour la santé mentale-psychique

D'emblée je précise que les outils ou les attitudes mentales à adopter pour jouir d'une excellente santé émotionnelle, paraissent tellement simplets que l'on a tendance à les banaliser.

Lorsque vous disposez du temps, jumelez ces outils à votre période d'acquisition de la paix intérieure, et poursuivez tout au long de la journée; vous n'en serez qu'émerveillé(e). De quoi s'agit-il ?

- Il s'agit de remercier l'Univers-Dieu qui est en vous pour tous les bienfaits que vous avez déjà reçus et pour les bienfaits dont vous attendez leur manifestation

- Il s'agit de vous dire explicitement que vous vous aimez en vous appelant par votre prénom usuel, et si possible en esquissant un léger sourire surtout lorsque vous êtes devant un miroir ; ainsi : **«Jeannette, je t'aime vraiment ! »**

- Dites au Divin en vous que vous l'aimez par-dessus tout ce qui est sur terre comme au ciel.

- Cherchez, trouvez et manifestez tout ce qui vous procure de la joie et incorporez cela dans votre quotidien

- Dites-vous souvent avec conviction et sincérité que vous êtes heureux (se) et vous vous surprendrez à vous voir heureux (se).

En fait, pour être en excellente santé psychique, prenez l'habitude quotidienne d'imposer avec douceur à votre mental ce que vous désirez, envisagez d'être et votre mental vous obéira. Puis, aimez le Créateur Dieu, aimez-vous, aimez l'univers tout entier.

Je termine avec ces outils en citant un Philosophe inconnu : « Lorsque vous quitterez votre corps physique, à votre décès, votre âme emportera avec elle vos joies, et vos souffrances ;

pensez à vous faire plus de réserve de plaisir qu'autrement ! »

ÉDITIONS OSE AGIR A.V.AKPAKI CRÉATEUR DE LA
MÉTHODE H.I.R.I.H.

CHAPITRE 4 : La Santé Physique

Santé physique

La 3ᵉᴹᴱRichesse

La santé physique concerne exclusivement le corps physique comme s'il était distinct du corps psychique et du corps spirituel (La demeure de votre âme). Pourtant il n'en est rien lorsque vous comprenez que ce que les yeux physiques vous montrent ne correspond pas à la Vérité.

Alors que l'on a tendance médicalement de penser que le corps physique est en santé si toutes les cellules qui composent son organisme fonctionnent, de nos jours grâce entre autres aux apports de la Science quantique, le corps physique de l'humain est Énergie. Pour pouvoir acquérir donc une excellente santé physique, il faut reconnaitre ce qui se cache réellement sous ce manteau que nous appelons le corps physique.

4-1 La Face cachée(Profondeur) de la santé physique

Tout d'abord il est à savoir que la santé physique est un état intérieur et extérieur de bien-être et de sensations physiques provenant de l'énergie que nous sommes, et générant du magnétisme et de la lumière d'une manière subtile et quelques fois de façon tangible. En prenant conscience de ce fait, la santé physique doit être considérée comme un trésor précieux déposé en chaque être humain par le Créateur Dieu, que vous avez avantage à acquérir et à préserver d'une manière exemplaire. L'organisme physique de l'humain est régi généralement par les 5 sens physiques qui répondent à leur tour aux besoins spécifiques du corps physique.

Lorsque vous examinez vraiment votre corps physique, le corps humain en général, vous comprendrez et admettrez qu'il est vérité le plus précieux des 7 trésors qui vous sont donnés. En effet la sensation de la paix intérieure, les vibrations des sentiments de joie, et de bonheur entre autres, se manifestent à travers votre corps physique. Ainsi pour pouvoir exprimer la santé spirituelle et la santé mentale, vous

vous devez d'avoir un corps physique impeccable, en vous assurant que l'énergie vitale y circule amplement ; afin d'irradier votre magnétisme et votre lumière intérieure. Puisque l'énergie que vous êtes et que vous produisez, génère du magnétisme et de la lumière, cela signifie que l'état de santé de votre corps physique attire les bonnes et merveilleuses choses et situations lorsque vous en prenez soin avec amour. De même, la lumière que vous dégagez vous permet de vous éclairer vous-même et d'éclairer autrui, lorsque vous l'attisez avec ferveur. Les faces cachées de la santé physique sont donc constituées par votre énergie, votre magnétisme et par votre lumière. Autant ce sont ces trois éléments qui permettent d'expérimenter une excellente santé physique, autant ce sont les ingrédients que vous mettez dans votre corps physique qui facilitent la fluidité et le mouvement de l'énergie, du magnétisme et de la lumière.

4-2 Les effets de la santé physique

Lorsque vous permettez à l'énergie que vous êtes de remplir d'une manière excellente ses fonctions de production, de maintien, de conservation, et de rayonnement du magnétisme et de la lumière dans votre corps et sur votre corps physique vous êtes en parfaite santé. Cet excellent état de santé, se manifeste de façon tangible dans votre vie quotidienne.

Le premier effet, se caractérise par un débordement de vitalité physique qui vous permet de réaliser sans effort tout ce que vous entreprenez durant la journée. Conséquemment, cette vitalité se meut en dynamisme, en auto motivation et en mobilisation des gens de votre entourage autour des aspirations communes.

Le deuxième effet, se note grandement dans votre humeur positive, constructive, contagieuse ne laissant personne indifférente sur votre passage. Cette attraction d'abord intérieure étant donné que vous aimez davantage votre corps physique, facilite une excellente communication inter humaine, rendant votre quotidien toujours plus agréable.

Le troisième effet d'une excellente santé est visible dans une plus grande clarté de vos idées, générée par une plus grande sérénité et une meilleure prédisposition aux pensées novatrices et inspirées. De ce fait vous avez une plus grande facilité de prise de décision vous concernant et concernant autrui. Ce qui est extraordinaire avec les effets de la santé physique, c'est l'accroissement de votre capacité d'acquisition de la paix intérieure et de la joie de vivre. Cela va sans dire, puisque votre corps physique est le temple du Divin en vous, source de la santé spirituelle et de la santé psychique, votre corps physique en excellente santé ne peut que favoriser cet accroissement.

Pour vous permettre d'être aux aguets concernant votre corps physique, sachez que les signes et symptômes d'une faible voire, d'une déficiente santé physique sont visibles dans les éléments suivants :

- Manque d'énergie et donc d'un manque de vitalité perceptibles dans la réalisation des activités même routinières

- Difficulté à aimer son corps et à aimer la vie et ses bienfaits

- Absence du pouvoir d'attraction des idées et également des gens dans son entourage
- Difficulté à reconnaitre que son corps est un trésor divin et refus voilé d'accepter l'existence du Créateur-Dieu.

Le quatrième et dernier effet positif d'une excellente santé physique, se remarque dans vos capacités de gestion du stress et des émotions. Ayant des idées et des pensées de plus en plus claires, vous êtes à même d'établir en vous des dialogues intérieurs positifs permettant de contourner facilement les ravages de circonstances hostiles ou sévères autour de vous. Sachant que l'énergie du corps physique comme toute autre énergie, se doit d'être ménagée, vous aurez toujours tendance à vous prémunir face au stress et à ses séquelles. Automatiquement, vous augmentez votre amour pour le Divin en vous afin d'acquérir plus de santé spirituelle, terreau de la santé physique. Je vais clore ce paragraphe sur les effets d'une parfaite santé physique, en vous rappelant que la santé physique est certes maintenue et accrue grâce aux apports que la nature nous permet d'obtenir par nos cinq sens, mais c'est la santé spirituelle et donc le Divin en vous qui en est la véritable source.

4-3 Mécanismes pour la santé physique

Le corps physique est le temple du Divin et donc du Créateur-Dieu en vous qui en est la Propriétaire. Afin que vous puissiez continuer de jouir de ce trésor qu'est la santé physique et surtout pour qu'elle soit excellente, prenez l'habitude d'effectuer quotidiennement ce qui suit :

- À votre réveil le matin, rendez grâce au Divin qui vous permet de recouvrer la vie, et la conscience, en disant le plus possible le mot Merci, en le sentant dans tout votre organisme physique, avec une formule de ce genre `` Père qui habites mon cœur, je te dis merci pour ma vie, ma santé et ma conscience éveillée. Merci pour tous mes bienfaits reçus et merci pour les bienfaits qui sont en route vers moi maintenant. `` Vous pouvez ajouter d'autres motifs de remerciements, l'essentiel est que vous ressentez ce merci dans tout votre être. Le soir avant de vous endormir, remettez votre corps à son Propriétaire afin qu'il veille sur votre santé physique.

- Le temple qui abrite le Divin étant à considérer comme un lieu sacré, gardez-le toujours propre et beau, en vous imaginant posséder un véhicule avec lequel vous interagissez avec les autres êtres humains et avec la nature et ses éléments.

- Nourrissez votre corps physique de repas sains que vous aimez vraiment, et qui vous procurent de l'énergie nécessaire à la production des autres éléments fondamentaux ; mangez le plus possible 3 fois par jour.

Durant vos repas, évitez de laisser vagabonder votre esprit et concentrez-vous sur ce que vous mangez en saisissant ce moment pour dire encore merci.

- Votre mental pouvant avoir une emprise sur les cellules de votre corps physique, habituez-vous à le nettoyer avec des pensées constructives et positives prônant la santé parfaite plutôt que la maladie et en étant persuadé(e) que votre corps est dans de bonnes mains avec le Divin qui est en vous. Recherchez des opportunités qui vous permettent de sentir l'harmonie dans votre corps physique.

- Communiquez avec le Divin en vous en lui adressant des paroles et des pensées de demandes spécifiques pour vous et pour ceux et celles que vous aimez.

- Prenez de saines habitudes de respirations conscientes régulières durant la journée, dans un état de détente et de relaxation, périodes si courtes soient-elles.

Sachez qu'en vous relaxant environ 5 minutes vous accordez à votre corps physique, 1 heure de sommeil profond et bienfaiteur.

_ Pour vous lecteurs et lectrices qui lisez ce livre en n'étant pas en bonne santé physique présentement, dites-vous au plus profond de votre cœur que vous voulez guérir et que vous allez guérir.

Mettez en pratique les suggestions de ce livre, pardonnez-vous et pardonnez aux autres.

Mettez-y un grain d'humour en vous imaginant en excellente santé et croyez-y ; vous pourriez en être agréablement surpris(e) !

CHAPITRE 5 : La santé inter humaine familiale (*La Famille*)

La 4ᴱᴹᴱRichesse

L'état de santé d'une famille humaine se caractérise généralement par trois piliers fondamentaux de la loi de l'Amour, que sont, l'harmonie, l'unité, et l'équilibre.

À l'instar de la trinité divine, la famille est la manifestation de l'amour divin incarné sur terre. Voyons ensemble la face cachée de cette richesse.

5-1 La Face cachée(Profondeur) de la santé inter humaine familiale

La famille humaine dans sa composition classique et traditionnelle, est la réunion sous un même toit du père, de la mère, et d'un ou plusieurs enfants issus habituellement d'un même sang. Même avec l'avènement de la famille recomposée générée par des cas de divorce, de séparations, d'adoption et autres, le postulat demeure identique. La famille humaine est la représentation concrète de l'Amour divin en œuvre ; c'est l'union de deux individus en amour pour donner naissance à l'amour. Chaque enfant qui nait de ces deux individus, est à considérer comme unique, et distinct malgré les liens sanguins ou non qui les relient ensemble. L'enfant symbolise l'entité du fils engendré par l'entité du père et, par l'entité de la mère (considérée ici comme l'esprit saint). Le foyer familial est donc l'endroit de prédilection pour expérimenter l'amour dans son état brut dans la société humaine sur terre, dès fois dans l'axe d'amour-sagesse-vérité, et dans d'autres circonstances dans l'axe de lumière-vie-amour.

Peu importe l'axe manifesté, l'excellence de la santé familiale est sous tendue et conditionnée par l'harmonie, l'unité et l'équilibre. La santé inter humaine familiale est excellente lorsque les membres qui composent la famille sont en harmonie, se sentent unis, dans une ambiance équilibrée et saine.

La profondeur de la famille humaine sur terre est ainsi constituée par l'union de deux amours donnant naissance au troisième amour, afin de concrétiser la loi de l'Amour, en expérimentant dans le vif du réel, l'harmonie, l'unité et l'équilibre.

5-2 Les effets de la santé inter humaine familiale

Le premier effet d'une santé familiale excellente est perceptible dans les relations respectueuses et conviviales empreintes de joie de vivre et de partager des membres d'une famille. C'est la manifestation de l'amour qui y prédomine permettant à tous et à chacun des membres de privilégier l'harmonie en suprématie sur toute discorde dont on cherche et on trouve rapidement ses causes et ses solutions.

Le deuxième effet généré par l'unité qui règne dans une famille en excellente santé inter humaine se caractérise par une ambiance tissée serrée de ses membres lors des moments aussi bien joyeux que pénibles, ramenant toujours au premier plan l'amour de soi, l'amour pour le Créateur-Dieu.

Le troisième effet que l'on peut réellement sentir lorsque la famille vit dans l'équilibre des valeurs et en équilibre les uns par rapport aux autres, est avant tout un état de résilience facilité et favorisé par des échanges nourris par la tolérance et l'esprit du pardon. Les effets collatéraux de cet état merveilleux se traduisent par un accroissement de la paix intérieure et d'une meilleure santé physique des membres de la famille.

En fait ces effets majeurs manifestés par l'harmonie, l'unité et l'équilibre traduisent la prépondérance du Partage et de la Foi en l'Univers-Dieu ; ce qui manque dans une famille ne connaissant pas une santé inter humaine excellente.

Le quatrième effet de l'état excellemment harmonieux, uni et équilibré dans une famille, se traduit d'une part, par une plus grande maitrise des émotions grâce à de franches communications directes et sincères et d'autre part, par une gestion harmonieuse des stress.

Tout en reconnaissant la réalité des circonstances qui peuvent occasionner des frictions et autres évènements malheureux, les membres mettent toujours de l'avant le fait et le postulat de cette loi :

« L'Amour est plus fort que la Haine »

Sans toutefois devenir nécessairement idéaliste, toute famille humaine peut et se doit de vivre dans l'harmonie, l'unité et l'équilibre si elle veut atteindre son objectif ultime, qui est de manifester l'amour du Créateur-Dieu Amour dans la société humaine sur terre.

5-3 Mécanismes pour la santé inter humaine familiale

La santé inter humaine familiale est une affaire d'équipe et d'énergie collective. Alors que votre paix intérieure est directement reliée à l'intensité de votre amour envers le Divin en vous, l'excellence de la santé dans la famille est conditionnée par le dosage de l'amour que chaque membre y met.

Ceci étant, voici les outils qui sont appropriés pour jouir d'une excellente santé inter humaine familiale :

- En tout premier lieu, la croyance en l'existence de l'Univers-Dieu Créateur et Amour doit une réalité expliquée, comprise et vécue librement, dans un esprit de partage, de recherche et de perfectionnement afin d'exprimer au quotidien l'essence de l'amour familial, parental, conjugal, et filial.

- Prôner, vivre et entretenir chaque jour des pensées d'harmonie, d'unité et d'équilibre, par des habitudes de la prière et d'harmonisation intérieure

- Reconnaitre et faire prendre conscience à chaque membre de la famille de sa position privilégiée de faire partie d'une famille et d'en être aimé

- Le matin au réveil, le soir avant de s'endormir, chaque membre de la famille doit remercier le Créateur et lui demander de continuer à entourer sa famille des vibrations d'amour et d'harmonie pour bénéficier d'un avancement personnel et spirituel progressif et constant

- Chacun doit prendre l'habitude d'exprimer son amour aux autres membres par des gestes, des paroles, des regards, par des pensées. Aussi dire au plus profond de soi et du cœur «Je t'aime » verbalement ou mentalement

- Prendre l'habitude de s'enquérir de l'état de la triple santé (spirituelle-mentale-physique) des uns et des autres. Aussi désamorcer tout nid de conflit potentiel et chercher et trouver immédiatement l'harmonie là où elle pourrait manquer.

- Pour que l'harmonie ne soit pas un mot abstrait, développer l'habitude de communiquer le plus possible et le plus souvent possible toujours avec amour et en toute vérité, facilitant et générant ainsi la sagesse dans les pensées, paroles et dans les actes des membres de la famille.

Pourquoi une telle habitude ? Tout simplement parce que la clé de l'harmonie réside dans la Vérité, la porte de l'harmonie est constituée par l'Amour, et la matérialisation de l'harmonie s'imprime dans la Sagesse. Vérité-Amour-Sagesse, sont inter reliés avec l'harmonie, l'unité et l'équilibre, indispensables à la santé inter humaine familiale excellente. J'ose croire que vous prenez plaisir en lisant ce livre et que la compréhension que vous avez maintenant des quatre premières richesses, vous démontre suffisamment que jouir et garder une excellente santé intégrale, est aisé et naturel. Il vous suffit de décider, de vouloir, et de désirer avec gratitude incessante, d'aimer le Divin en vous, vous aimer, vous donner de la joie, prendre soin de votre corps physique, aimer les membres de votre famille, et exprimer cet amour à autrui au quotidien.

CHAPITRE 6 : La Santé inter humaine professionnelle (Le Travail)

Travail

La 4ᵉᵐᵉRichesse

Travailler, c'est accomplir une activité afin d'en obtenir un résultat utile ; telle est la définition du Dictionnaire.

Dans le cadre de la santé intégrale, le travail est une richesse très importante dans la roue des 7 richesses du fait que sa face cachée signifie rendre un service utile. Pour jouir d'une excellente santé inter humaine professionnelle, il faut identifier, rechercher et trouver l'activité idéale et optimale qui vous permet de rendre service utilement en accomplissant une activité qui vous permet d'expérimenter la joie dans un cadre harmonieux.

6-1 La Face cachée(Profondeur) de la santé inter humaine professionnelle

J'ai mentionné que travailler c'est en fait rendre service en étant utile à autrui. Rendre service c'est faire du bien à soi et à ceux qui bénéficient des retombées de cette activité. Faire du bien c'est exprimer l'amour, envers ce que vous accomplissez et aussi envers les personnes impliquées dans cet échange inter humain professionnel. En le faisant cela vous permet de vous épanouir et vous contribuez à la satisfaction des autres. En comprenant et en prenant conscience que le travail est un moyen pour exprimer votre amour par le canal d'une activité dont vous avez les talents, les dons, les aptitudes, les attitudes, et surtout les intérêts et les affinités (la passion), vous constaterez que vous serez en parfaite santé inter humaine professionnelle lorsque ce que vous accomplissez correspond exactement aux éléments que je viens de nommer. La profondeur de ce trésor qu'est le travail, c'est donc de pouvoir accomplir une ou plusieurs activités que vous aimez qui vous permettent d'être utile afin d'en être satisfait(e) émotionnellement, outre le gain financier qui en découle. Ce qui m'amène à vous présenter les effets majeurs d'une excellente santé inter humaine professionnelle.

6-2 Les effets de la santé inter humaine professionnelle

Lorsque vous accomplissez l'activité que vous aimez et qui vous passionne et, pour laquelle qui plus est, vous êtes doué(e), voici les effets directs qui en découlent pour vous et pour votre **entourage** :

Le premier effet vous permet de vous sentir aimé, valorisé, ce qui vient renforcer votre joie de vivre qui à son tour devient contagieuse sur les gens qui y sont impliqués. Ce premier effet à lui seul a des répercussions non seulement sur votre santé mentale ou sur votre santé physique, mais aussi sur les membres de votre famille ; sans compter la paix intérieure que vous dégagez et votre amour grandissant pour le Divin en vous.

La recette pour vous épanouir d'une manière intégrale, c'est d'accomplir une activité qui vous passionne et qui vous permet de révéler votre génie intérieur.

Le deuxième effet d'une excellente santé inter humaine professionnelle se traduit par une rémunération financière optimale et équilibrée, voire abondante et aussi par un regain d'énergie créatrice, vous permettant de vous surpasser dans la réalisation de votre activité. Conséquemment vous constaterez que vous vous améliorez sans cesse et vos talents s'affinent de plus en plus chaque jour que vous touchez à votre activité.

Le troisième effet est le prolongement des effets de votre amour pour le Divin en vous et en même temps, est la conséquence de votre dosage d'amour pour le travail par rapport aux quatre premières richesses de la vie. Le fait que vous accordez de l'importance à votre paix intérieure, à votre joie de vivre, à votre santé physique, et à votre famille, avant de donner le meilleur de vous dans votre activité, a un impact tonifiant sur vous et sur votre relation inter humaine professionnelle; et tout le monde de votre entourage en profite constructivement. Malheureusement lorsque le dosage d'amour du travail ne respecte pas la hiérarchie de la santé intégrale, en faisant du travail la priorité des priorités, vous mettez à risque votre santé physique sans compter l'épuisement professionnel qui se répercute directement sur votre santé émotionnelle, affectant du coup votre joie de vivre. Imaginez un peu ce que cet amour exagéré du travail peut occasionner comme ambiance au sein de la famille pour ne citer que ces relations inter humaines !

Le quatrième effet démontre clairement que la joie de servir, d'aimer son travail, en s'aimant soi-même d'abord et par-dessus tout en aimant le Divin en soi, place tout individu qui s'y adonne de cette manière à être moins stressé, le rendant respectueux de la paix des autres et tolérant dans le partage des valeurs fondamentales de la vie.

Travailler, c'est rendre un service utile et agréable à autrui en se faisant plaisir à soi-même et en rendant grâces au Créateur-Dieu en chacun de nous ; afin de recevoir valorisation et rémunération en proportion de nos talents et dons reçus.

6-3 Mécanismes pour la santé inter humaine professionnelle (Le Travail)

Pour pouvoir expérimenter la joie au quotidien en accomplissant toute activité quelle qu'elle soit et jouir donc d'une santé inter humaine professionnelle, voici les balises nécessaires et indispensables.

Tout d'abord, faites un effort de bannir de votre mental l'idée qui consiste à vouloir travailler pour gagner votre vie.

Remplacez cette idée par l'attitude mentale qui consiste à désirer travailler pour rendre un service utile et nécessaire pour recevoir en retour les bienfaits spirituels, émotionnels et financiers, de ce service réalisé. Ensuite, cherchez à identifier et à savoir l'activité que vous aimez vraiment réaliser en échange de l'argent et de tous les autres avantages afférents. Dans cette recherche demandez l'aide du Divin en vous afin que cette activité corresponde à vos valeurs profondes et surtout que cette activité serve le but de votre âme sur la terre. Au quotidien dans votre activité faites en tout temps de votre mieux en donnant le meilleur de vous-même, et en associant autrui à votre propre avancement. Que votre activité soit votre passion tout en gardant une place de choix à votre propre bien-être spirituel, émotionnel, physique et familial. Aimez votre activité, aimez les gens avec qui vous travaillez, soyez un soleil de bien et d'amour autour de vous.

Remerciez le Créateur-Dieu pour vos talents, pour votre activité, et demandez-Lui à être de plus en plus meilleur(e) au jour le jour. Confiez-Lui votre activité le matin avant de commencer son accomplissement et remettez-la à Lui le soir avant de vous coucher et vous endormir. Si présentement, votre activité actuelle ne correspond pas à ce que vous voulez et ne répond pas à vos intérêts, aimez-la quand même tout en insistant auprès du Créateur-Dieu de vous conduire, vers l'activité du but de votre âme. Croyez-y et remerciez d'avance pour cela.

Pour clore ce chapitre sur le travail, sachez que votre activité se doit d'être l'outil de votre perfectionnement, de votre épanouissement, de votre valorisation, de l'expression de votre amour, afin que chaque jour soit un jour de joie et de réalisation gratifiante si infime soit-elle.

CHAPITRE 7 : La Santé inter humaine sociale: L'Amitié

La 6ᵉᴹᴱRichesse

L'amitié, définie sous l'angle de la santé intégrale est un trésor indescriptible dans son essence, dans ses vibrations et dans ses effets. Pourquoi en-est-il ainsi? Parce que la première personne à qui vous devez vous attacher est avant tout vous-même, et précisément avec votre autre-vous-même.

L'amitié selon le Dictionnaire est un attachement mutuel, un sentiment de tendresse et de sympathie.

Généralement des ami(es) partagent ensemble les mêmes pensées et posent des actes quasi similaires en fonction des circonstances de la vie. Pour apprécier véritablement l'amitié en tant que trésor de la vie, vous en jouirez de ses avantages en comprenant sa face cachée, au vu de la perspective de la santé intégrale.

7-1 La Face cachée(Profondeur) de la santé inter humaine sociale

Unité de pensées, l'unité de parole, et l'unité d'actes, constituent les caractéristiques de la face cachée de l'amitié. Dans un monde idéal rencontrer ou côtoyer des amis qui ont une unité parfaite de pensées, de paroles et d'actes serait merveilleux ; toutefois ce monde idéal ne peut exister qu'à l'intérieur de soi puisque même des sœurs jumelles ont des divergences de pensée et d'actes. Ainsi pour acquérir et entretenir une parfaite santé inter humaine sociale, il faut partir de vous vers le Divin en vous puis vers autrui. Cela signifie qu'il faut développer et tisser un lien tendre et sympathique avec vous-même, avec le Créateur-Dieu en vous, et ensuite avec votre entourage immédiat, et avec les autres ; lien fondé sur les valeurs, les intérêts, les sentiments, similaires et réciproques. L'expérience et le vécu des gens ont démontré maintes fois que des amis (es) inséparables et sincères peuvent voir un jour leur chemin de vie séparé. Par contre jusqu'à la fin de votre passage sur la terre vous serez toujours, de nuit comme de jour accompagné tendrement par votre Ami intérieur, votre Moi intérieur, le Divin en vous. L'évaluation de l'état de santé de votre amitié sera exacte lorsque vous l'effectuez par rapport aux périodes de rapprochements intenses avec vous-même et avec le Divin en vous, au lieu de la considérer en fonction du nombre des amis (es) que vous avez. Conséquemment, vous constaterez que la solitude ne fera plus partie de votre mental, encore moins de votre vocabulaire. En somme vous êtes en parfait état de santé inter humaine sociale lorsque vous intensifiez quotidiennement votre rapprochement tendre et sympathique avec vous-même, avec Dieu, avec les membres de votre famille, et ensuite avec les autres.

7-2 Les effets de la santé inter humaine sociale

Dans le dosage d'amour des 7 richesses de la vie, la santé inter humaine sociale parfaite doit être avant tout « égoïste » pour pouvoir jouir agréablement des bienfaits de l'amitié. En le vivant de cette manière voici les effets tangibles que vous obtenez.

Le premier effet qui se manifeste se caractérise par un besoin d'abord de solitude intérieure puis de solitude extérieure équilibrée et mieux réfléchie. Indirectement, cet effet vous permet d'être plus proche de vous-même et de vos ressentis corporels, vibratoires et subtils. Automatiquement vous vous comprenez mieux, vous vous aimez davantage et votre confiance en soi s'exalte.

Le deuxième effet se perçoit dans l'intensité et la fréquence de votre paix intérieure qui fait de vous un individu plus que joyeux, un être heureux parce que votre amitié avec votre Moi intérieur devient plus intense et permanente. La joie de vivre s'étant maintenant emparée de vous quotidiennement, vous êtes de plus en plus sociable en commençant par votre entourage immédiat familial. Votre amour pour le Divin en vous est plus palpable parce que vous savez pertinemment que c'est cet amour qui vous fait être plus joyeux et plus tendre avec vous et envers les autres.

Le troisième effet est perceptible dans vos rapports inter humains qui sont de plus en plus francs et sincères et vous êtes en résonnance avec des amis potentiels cultivant et prônant les valeurs que vous véhiculez. Votre amitié sociale est fondée sur le partage véritable empreint de Foi et d'altruisme non calculé. Vous aimant, entouré de gens sincères et aimables vous cultivez la sérénité et toute situation conflictuelle et stressante est mise hors de vos champs d'inter action avec les amis et même avec tous les autres humains

7-3 Mécanismes pour la santé inter humaine sociale (L'Amitié)

L'amitié véritable est celle qui existe entre vous et vous-même et entre vous et le Divin en vous ; c'est ce lien tendre et imperturbable qui vous permet de dialoguer, de partager et d'échanger avec votre Ami intérieur qui est Dieu en vous.

En étant profondément ami de cette manière, vous serez branché(e) sur des êtres humains qui vibrent en résonnance avec vous au niveau de vos valeurs entre autres. Conséquemment vous jouirez aisément des bienfaits de la santé inter humaine sociale. Voici les mécanismes qui vous aideront à connaitre le bonheur issu de l'amitié franche et sincère.

En premier lieu demandez explicitement que vous désirez être ami(e) avec vous-même et avec le Divin en vous. Ce point est très important car, si vous ne demandez pas vous ne pouvez pas recevoir ; ce n'est pas parce que le Divin est en vous et sait tout, qu'il fera tout ce que vous voulez sans votre accord. Vous êtes créé libre et vous avez toujours le choix de vous fier sur votre mental ou sur la conscience divine en vous. Une fois cette demande faite et établie dans vos cellules corporelles, établissez les valeurs de vie fondamentales qui vous font vibrer telles que le respect, l'amour, la tolérance, etc.., et intégrez-les également dans votre être. Ensuite, si le besoin d'avoir des amis sociaux vous semble évident et nécessaire laissez venir à vous les gens de votre entourage dont les valeurs répondent aux vôtres, et mettez le focus sur les points d'intérêt qui vont baliser cette amitié. Enfin, cette amitié sociale à l'image de votre amitié intime se doit d'être vécue avec un souci de partage, d'échange dans la Foi en l'Univers-Dieu, sur des balises de sincérité et de franchise.

CHAPITRE 8 La Santé interhumaine financière : L'Argent

Adorez l'argent pour tout ce qu'il vous accorde, de bonheur, de richesses, d'avancement sans limites.

L'argent acquis est un don précieux qui nous est offert par le Créateur Dieu comme une compensation justifiée de l'énergie fournie et l'amour consacré à la réalisation de l'objet de compensation, c'est à dire du service rendu.

Qu'il soit virtuel ou physique, l'argent est une monnaie qui sert à acquérir des biens et services.

Aussi, pour jouir d'une parfaite santé inter humaine financière, il faut absolument en avoir afin de pouvoir s'offrir tous les biens et services dont vous avez besoin.

Ne pas en avoir, signifie être dans un état de santé financière déficiente qui est nuisible à l'expérimentation de la joie au quotidien.

Conséquemment, tout être humain sur la terre se doit d'avoir le privilège d'acquérir et de disposer de l'argent selon ses besoins spécifiques mérités.

8-1 La Face cachée(Profondeur) de la santé inter humaine financière

La face cachée ou la profondeur de la santé inter humaine financière se trouve dans le fait que l'argent est un moyen puissant et incontournable pour acquérir des biens et des services matériels.

C'est un symbole de compensation de l'amour qui lui est consacré par l'intermédiaire de la source ou du service rendu. Le fait d'aimer ce qui vous fait acquérir de l'argent doit être distinct du fait d'aimer l'argent comme acquisition de biens matériels.

Ainsi, plus vous allez aimer l'activité qui vous permet de recevoir de l'argent en compensation, plus vous allez vous créer des opportunités et des réserves d'en avoir davantage.

Comme je l'ai mentionné concernant le travail dans les chapitres précédents, en ayant pour objectif la jouissance de la santé intégrale selon la chronologie naturelle universelle, vous aimerez davantage ce qui vous fait acquérir l'argent au lieu de l'argent lui-même. Ce faisant, que l'argent vous permette d'être riche, très riche, archi riche est la compensation méritée en autant que vous vénérez le Créateur Dieu avant d'adorer l'argent. Plaçant donc votre amour pour votre paix intérieure, votre joie de vivre, et votre famille en importance prioritaire, vous ne pouvez que jouir d'une santé inter humaine financière.

Retenez que la profondeur de l'argent c'est la compensation de votre amour consacré à l'activité qui vous le fait acquérir, selon le respect de la chronologie naturelle universelle de la santé intégrale.

En comprenant ainsi la richesse qu'est l'argent, les effets majeurs qui en découlent peuvent se résumer par les points suivants.

8-2 Les effets de la santé inter humaine financière

L'argent est le symbole de la manifestation de l'unité qui existe entre tous les êtres humains nonobstant les différences de statut, de race, de religion, de politique, de culture et autres, présentes sur la Terre. Pour preuve, lorsque vous acquérez le fruit de vos activités qu'est l'argent vous le faites circuler sous forme de paiement de biens et services ou de dons.

Le premier effet majeur d'une parfaite santé inter humaine financière se perçoit définitivement d'abord dans votre fierté de pouvoir obtenir la compensation attendue pour votre service rendu. Ensuite, viennent, la Liberté qui elle-même est nourrie par la tranquillité d'esprit et la puissance de la possession illimitée de biens matériels et de services.

Le deuxième effet est l'accroissement de vos ressentis de paix intérieure alimentée par votre tranquillité d'esprit, ce qui ne fait qu'augmenter l'intensité de votre amour pour le Divin en vous, pour vous-même et pour les membres de votre famille. Il faut ajouter à ces impacts, votre passion pour votre activité qui n'a plus de limites.

Le troisième effet se traduit par une suite logique de votre joie de vivre grandissante perceptible dans la gestion de vos émotions et du stress. Respectant la chronologie de la santé intégrale, votre abondance financière et matérielle vous permet de mieux comprendre les autres et de mieux tolérer les aspirations des uns et des autres. Votre sérénité accroit votre confiance en soi et vous développez un esprit altruiste sincère et véritable.

Vos valeurs de vie étant à la bonne place, vous continuez d'adorer l'argent afin d'en donner davantage à ceux qui en ont vraiment besoin.

Par contre, en ne respectant pas la chronologie de la santé intégrale, vous préférez vénérer l'argent au lieu du Créateur Dieu. Indubitablement, les impacts sont d'autant plus visibles que vous persistez dans cette voie, minant votre paix intérieure, vote joie de vivre sans oublier l'amour des membres de votre famille.

Maintenant, lorsque votre santé inter humaine financière est déficiente par manque d'argent, gardez la Foi que tout peut toujours se replacer, en relisant plusieurs fois ce livre et en appliquant les mécanismes qui y sont suggérés. Par expériences vécues personnellement, je peux vous assurer que votre santé inter humaine financière deviendra bonne voire parfaite dépendamment de votre intensité d'amour mise sur le Créateur Dieu.

Poursuivons en abordant les mécanismes qui permettent une excellente santé inter humaine financière.

8-3 Mécanismes pour la santé inter humaine financière :

(L'Argent)

Tout d'abord, enlevez de votre mental l'attitude qui consiste à vouloir gagner de l'argent et la remplacer par l'attitude qui consiste à vouloir recevoir de l'argent. Car vous offrez vos qualités, vos talents, en rendant un service utile et en retour vous recevez la compensation correspondante. Maintenant reconnaissez que toutes les richesses de la terre appartiennent au Créateur Dieu y compris l'argent, et admettez que tout argent que vous recevez est l'œuvre du Créateur Dieu. Soyez-en reconnaissant(e) car ces richesses sont à vous. Vous en êtes le (la) dépositaire. Identifiez et déterminez tout ce que vous pouvez et tout ce que vous aimez offrir pour vous attendre à recevoir en compensation de l'argent ; c'est cela que vous pouvez qualifier par activités.

Consacrez-vous corps et âme à cette activité, aimez-la, chérissez-la, surpassez-vous à vouloir la rendre plus que parfaite au jour le jour. Chaque jour, vénérez le Créateur Dieu, prenez le temps pour acquérir, entretenir, et développer votre paix intérieure, et votre santé mentale émotionnelle. Suivez méthodiquement avec amusement les mécanismes décrits dans ce livre pour les 7 richesses et, ou incorporez-les à des mécanismes similaires pouvant donner les mêmes résultats que ceux du présent livre. Demandez que vous désiriez, vivre dans l'abondance matérielle et financière si tel est votre souhait. Imaginez que vivez dans l'abondance matérielle de tous les biens que vous désirez, et laissez l'Univers-Dieu vous les donner par les voies qui sont les Siennes. Aimez recevoir de l'argent, adorez recevoir de l'argent et glorifiez le Créateur Dieu pour tous les biens matériels que vous recevez par l'argent directement et indirectement. Soyez en paix en tous lieux et en tout temps, et offrez ; offrez de vous-même pour vous rendre utile à autrui et que les vibrations de la richesse et de l'argent vous accompagnent harmonieusement.

ÉDITIONS OSE AGIR A.V.AKPAKI CRÉATEUR DE LA MÉTHODE H.I.R.I.H.

CONCLUSION

La vie c'est la santé, la santé c'est la vie ; la santé du corps, santé du cœur, santé de l'esprit, santé de l'âme.

Elle s'exprime à travers toutes les sphères de votre vie. Ce mécanisme simple et complexe à la fois, je le nomme la santé intégrale.

Obéissant aux lois universelles qui régissent la vie, la santé intégrale se doit de se manifester selon une chronologie appropriée.

C'est cette chronologie que je vous ai présentée dans ce livre vous démontrant l'irréversibilité de leur ordre en stipulant que tout être humain sensé, respectueux de sa vie l'adopterait lorsqu'il connait l'existence de cet ordre chronologique.

En sachant pertinemment que votre santé inter humaine financière est grandement influencée par l'état de votre santé inter humaine spirituelle, pourquoi vous entêter à faire fi de ce savoir ?

Lorsque vous constatez de vous-même que votre santé inter humaine professionnelle est affectée positivement ou négativement, par l'état de votre santé émotionnelle-mentale, n'auriez-vous pas avantage à mieux explorer le volet positif de votre joie de vivre, sur votre activité, sur votre passion au lieu d'en être indifférent(e) ?

Je précise encore une fois que toutes les richesses de la terre et de l'univers cosmique, sont au Créateur Dieu, ces richesses du Créateur sont à vous et de surcroit, ces richesses sont en vous.

Ces richesses sont en vous parce que le Divin est en vous et, plus vous aimerez davantage le Divin avant d'aimer les autres richesses, plus vous êtes assuré(e) de vivre dans l'abondance de ces richesses. Vous avez lu ce livre jusqu'à la fin, vous savez quoi faire et comment être, comment faire pour jouir dans l'abondance des richesses de la vie selon vos besoins et priorités spécifiques. Peu importe qui vous êtes, peu importe votre âge, votre sexe, votre statut social, professionnel, vos croyances politiques, religieuse, je vous suggère de mettre en pratique les mécanismes pour chacune des 7 richesses dans votre vie, dès maintenant. Si au bout de vingt et un jour de pratique vous semblez ne pas obtenir de résultats que vous désirez, abandonnez vos efforts et retournez à vos anciennes habitudes de vie ; observez par vous-même et évaluez pour savoir, si vos vielles habitudes de vie sont meilleures aux résultats «médiocres» de votre pratique des 21 derniers jours ou non. En étant sincère avec vous-même, vous arriverez à conclure qu'il vaut mieux poursuivre vos efforts.

Vous suivrez ainsi la voix du Cœur spirituel en vous ; n'abandonnez jamais quoi qu'il arrive, vous serez agréablement surpris(e). Bien évidemment, si au bout de vingt et un jour de pratique, vous observez des résultats encourageants rendez grâce au Créateur Dieu et redoublez votre amusement au jour le jour dans l'acquisition d'une plus grande paix intérieure et d'un amour grandissant pour l'Éternel Univers-Dieu de tout ce qui est dans le monde visible et invisible. Voilà, je vous ai partagé mes convictions personnelles sur la chronologie de la santé intégrale des trésors de la vie, convictions étayées par plus de vingt et cinq années de recherche en spiritualité et d'expertises en relations d'aide, en accompagnement, en conseils et en formation. Que l'Amour vous enveloppe dans son manteau éthérique !

Sincèrement, je vous souhaite de vivre dans l'Allégresse et dans l'Harmonie. Merci.

ANNEXES

ANNEXE Histoires

M YIH : L'amour retrouvé pour l'Univers Dieu

M YIH, homme d'affaires chevronné, auréolé par ses nombreux succès financiers, père de trois enfants tous âgés dans la trentaine est de croyance judéo-chrétienne. Élevé donc par des parents très croyants et pratiquants, il a gardé en héritage la conviction de l'existence de l'Univers-Dieu, ainsi que de son amour inconditionnel pour tous les êtres du monde visible et ceux du monde invisible.

Toutefois dès qu'il a compris et expérimenté que le succès financier donnait beaucoup de pouvoir personnel sur lui-même et sur autrui et qu'il pouvait acheter tout ce qu'il voulait, il a abandonné ses croyances en la Bonté et en l'Amour du Créateur. Tous ses loisirs passent toujours par la recherche de nouvelles opportunités d'affaires, oubliant même qu'il a une épouse et rois enfants. Son véritable amour, il le dédie à ses succès, ses réussites, etc. Le pire dans tout cela c'est qu'il oubliait de penser à son corps physique, préférant la guérison par des médicaments que la prévention par une vie modérée et équilibrée.

L'épouse de M YIH, fervente croyante qui a gardé les balises de l'éducation judéo chrétienne reçue elle aussi de ses parents, malgré sa résilience a finalement craqué à force de suggérer à son mari la modération ; elle a demandé une séparation de corps et a déménagé dans une de leurs autres maisons, refusant tout contact avec son mari.

N'ayant pas compris les leçons à apprendre, se libéra dit-il de cette situation conjugale, par un surcroit de travail au point de tomber gravement malade (Épuisement professionnel).

Rendu dans cet état fragile, il se rend compte qu'il n'avait pas d'amis à part ses connaissances et ses contacts d'affaires. Ses enfants, tout en étant affectés lui firent comprendre indirectement par leur absence à ses chevets, qu'il doit se relever et voir la vie autrement.

Alors, M YIH se rappelant sa jeunesse durant laquelle, il croyait ardemment en la Providence divine et au Pardon inconditionnel de l'Univers-Dieu, décida au fond de lui-même qu'il veut changer le cours de sa vie en redevenant le croyant qu'il fut. Il dialogua en silence avec le Créateur, comme il avait l'habitude de le faire avant de devenir l'homme d'affaires. Il a reconnu ses erreurs de jugement et les blessures qu'il a pu infligées à ses proches.

Dans sa miséricorde infinie le Créateur entendit les regrets sincères de M YIH, et celui-ci est sorti de l'Hôpital plus tôt que prévu, en meilleure santé ; et va présenter de vive voix ses excuses à son épouse.

Celle-ci accepta et après quelques jours de réflexions et de méditation, revint dans leur maison familiale. Les enfants autonomes, ayant eux aussi leur résidence personnelle consentirent de pardonner à leur père.

Après quelques jours de convalescence, M YIH reprit ses affaires avec de nouvelles et différentes perspectives et s'engagea à faire des dons systématiques de tout argent qu'il reçoit dorénavant sous forme de dime en reconnaissance à tout ce que le Créateur lui a donné. Il passe désormais plus de temps à louer intérieurement le Père Céleste ; il est plus en paix avec lui-même, avec son épouse, avec ses enfants et est plus serein en affaires.

M. YIH a donc compris l'importance de l'amour inconditionnel de Dieu ainsi que sa place dans sa vie et dans la vie.

Que retirez-vous de cette histoire qui est vraie en partie et fictive pour le reste ? Vous vous donnerez des réponses fiables après avoir compris la profondeur de chacune des richesses.

Voici une deuxième histoire tout aussi palpitante, mi fictive, mi vraie !

Retournez à votre page de lecture page 20

Mme YAH : La Plénitude de la vie, récompense de la Foi pure !

Mme YAH, épouse de Mr X, fervente croyante qui ne jure que par le nom du Créateur, âgée de 45 ans possède et gère une boulangerie artisanale avec l'aire des ventes, située juste à l'entrée de leur résidence familiale. Convaincue que la Providence veille toujours sur elle-même, sur son mari ainsi que sur leurs deux enfants, âgés de 18 et 17 ans, Mme YAH chaque jour consacre plusieurs minutes en conversation avec l'Univers-Dieu, avant d'ouvrir son commerce pour recevoir les clients. Ce rituel, comme elle se plait à le nommer lui permet de s'assurer des entrées d'argent sur une base régulière et constante. Dans ses moments de dialogues intimes avec le Créateur, elle Lui confie régulièrement son rêve d'agrandir son commerce afin leurs deux enfants puissent faire des études supérieures et universitaires selon leurs orientations et aptitudes.

Son mari M. X, âgé de 48 ans, dont le salaire de contrôleur des inventaires dans une usine de fabrication de chaussures ne suffit pas à combler tous les besoins de la famille, est également un fervent croyant. Même si les besoins des membres de la famille de M YAH ne sont pas toujours bien comblés, une joie de vivre, une paix intérieure et une grande harmonie étaient palpables entre eux. Un beau jour, alors qu'elle était occupée à compter les recettes de sa journée de ventes, une dame inconnue d'elle se présente pour lui offrir de déménager sa boulangerie dans une des deux maisons jumelées dont elle-même vient d'en être propriétaire par héritage tout récemment.

De plus, la dame inconnue lui offre un prêt sans intérêt pour lui permettre de grossir le volume des ventes de la boulangerie, lui assurant que désormais que ses petits pains et gâteaux vont s'écouler hors de leur ville, grâce à des réseaux de distribution et de vente, dont elle est Co propriétaire. Mme YAH, sachant par intuition que c'est l'œuvre du Créateur qui s'opère devant ses yeux, accepte toutes les propositions de la dame inconnue, et tout le reste s'enchaina à une vitesse folle de plénitude et d'abondance. Le même jour, son mari revient du travail pour lui annoncer qu'il est promu contrôleur-chef et en même inspecteur de qualité. En conséquence, son salaire a presque doublé. Les enfants de M YAH et de M. X, ont pu terminer harmonieusement leurs études collégiales et universitaires avec succès.

Selon Mme YAH, cette soudaine richesse qui s'est manifestée dans leur vie familiale, est la preuve de l'intensité de son amour pour l'Univers-Dieu qui le lui a rendu démultiplié et au-delà.

Bien que fictive avec un grain de réalité, cette histoire, j'affirme que toute ressemblance avec qui que ce soit, serait fortuite et non intentionnelle de ma part.

C'est donc à partir de ces deux histoires qui sont en fait des cas typiques, que je vais vous conduire pour apprécier l'ampleur véritable des 7 richesses de la Vie.

Retournez à votre page de lecture page 20

ANNEXE Ma Conviction Intérieure

L'amour de la vie

Pour jouir de la santé intégrale harmonieuse, il faut jouir d'une santé excellente dans chacune des 7 richesses de la Vie.

En partant du principe que toutes les richesses du monde sont à l'Univers-Dieu, aucune de ces richesses ne peut être acquise d'une manière équilibrée si elle ne se réfère pas au préalable à l'ascendance de Dieu.

La Richesse de toutes les richesses, c'est le Créateur du monde visible et invisible, c'est la Cause première du tout. Pour jouir des bienfaits des 7 richesses, il vous faut acquérir la Richesse des richesses dont les racines se trouvent dans l'Harmonie intérieure infinie. Or, l'Harmonie intérieure ne peut pas se manifester en vous si vous n'avez pas la paix intérieure.

Ainsi selon moi, pour arriver à acquérir et conserver la santé intégrale afin d'expérimenter la Joie de vivre sur la Terre :

1- Je crois que la santé spirituelle (la paix intérieure), doit être le premier trésor qu'il faut chercher à acquérir pour vous assurer d'une vie abondante, riche, et équilibrée.

2- Je crois que la santé mentale-émotionnelle doit être le terreau de manifestation du bonheur personnel, à partager également avec autrui autour de vous.

3- Je crois que la santé physique, est le reflet du miroir de la santé spirituelle car c'est par le corps physique que nous avons accès au Trésor, des trésors de la Vie.

4- Je crois que la santé inter humaine familiale est à considérer comme le terrain de jeux de la vie qu'il faut soigneusement et amoureusement acquérir et aménager pour pouvoir jouer harmonieusement.

5- Je crois que la santé inter humaine professionnelle est un trésor précieux à rechercher et conserver pour notre épanouissement et notre avancement vers la perfection en croissance permanente.

6- Je crois que la santé inter humaine sociale nécessite une attention remarquable car elle est source de partage de dons et de services et donc d'amour entre les humains.

7- Je crois que la santé financière est quant à elle, le reflet du miroir de la santé mentale-émotionnelle car c'est elle qui permet l'acquisition de presque tous les biens matériels et terrestres.

Le dosage chronologique d'amour des 7 richesses de la vie, prend sa source dans ma conviction intérieure selon laquelle, pour apprécier les bienfaits terrestres afin d'expérimenter la Joie, il vous faut être en santé harmonieuse, c'est-à-dire dans toutes les sphères de votre vie.

Tout simplement, parce que si vous avez la santé spirituelle, vous pouvez jouir de toutes les autres formes de la santé ; l'inverse n'est pas vrai. Ainsi, même si vous avez une parfaite santé physique, vous ne pourrez pas jouir de la santé intégrale si vous ne jouissez pas de la Paix intérieure. Cette loi naturelle universelle s'applique aux autres paliers chronologiques de la santé intégral.

Ma conviction intérieure étant issue des fruits de mes réflexions et des résultats de mes recherches, je considère que le respect chronologique du dosage d'amour de la santé intégrale, est un outil à utiliser en tant que gardien du seuil des portes de ma méthode H.I.R.I.H. (Harmonisation intégrale des relations inter humaines). La méthode H.I.R.I.H. qui a aidé des centaines de gens depuis sa conception en 1990, enseigne comment apprivoiser et développer l'harmonie intérieure infinie, pour maitriser les leçons et les défis de la vie quotidienne, avec amusement, dans la joie permanente quoi qu'il arrive.

Étant donné que vous êtes libre d'aimer davantage votre santé inter humaine professionnelle que votre santé mentale-émotionnelle par exemple, le respect chronologique s'effectue donc selon votre conscience personnelle de la vie.

Vous n'avez à rendre compte qu'à votre conscience qui elle, que vous le vouliez ou non, doit rendre compte au Créateur du Tout. Certes c'est ma propre conviction intérieure toutefois, elle est fondée sur l'application des lois naturelles universelles.

Retournez à votre page de lecture page 23

ANNEXE – A AIDE MÉMOIRE

A-1 Les effets de chaque richesse de la vie

A-1-1 Les effets de la santé spirituelle

Bien que la paix intérieure se vive dans un état de béatitude, ses effets sont très visibles lorsque vous décidez de lui accorder l'attention et le temps nécessaires correspondant à votre intensité de l'amour qui lui est dévolu.

Généralement, lorsque vous jouissez d'une santé spirituelle, voici les effets tangibles que vous constaterez au quotidien.

Le premier effet extraordinaire se traduit par une présence de plus en plus croissante du Divin en vous qui se manifeste par votre clarté d'esprit et, par une intuition davantage développée. Ces bienfaits vous procurent un sentiment de repos intérieur imperturbable vous permettant d'expérimenter régulièrement la vérité et la liberté de votre être intime.

Le deuxième effet se traduit par un réel ressenti de la plénitude qui se manifeste réellement dans sa vie par une protection, une sécurité, et un secours invisible permanent. Ce rempart divin se répercute sur votre santé physique et sur la gestion des courants et des contre courants qui peuvent apparaitre dans vos différentes sphères de vie.

Troisièmement par conséquent, en ayant la santé spirituelle, vous devenez un soleil de vie, de joie, de positivisme, d'audace, de courage, de paix pour vous-même, et ensuite pour autrui, en plus d'avoir un amour croissant pour le Divin en vous.

Quatrièmement grâce à la paix intérieure acquise et constamment renouvelée, vous êtes plus apte à mieux gérer vos émotions et celles des autres, par une communication inter humaine plus fluide et plus positive fondée sur votre amour du Divin que vous savez existant en chaque être humain.

Par ailleurs les valeurs fondamentales de votre vie seront désormais axées sur la recherche et l'atteinte de l'harmonie en vous, dans votre famille, dans les autres cercles de relations inter humaines.

Vous sachant être constamment aimé par le Divin en vous, et ressentant le désir d'augmenter votre amour pour Lui, tout ce qui peut perturber votre paix intérieure est mis hors de vous en tout temps.

Volontairement, je préfère vous présenter les effets positifs de la santé spirituelle acquise. Toutefois, sachez qu'une plus grande irritabilité surtout chronique, une peur enracinée de «la peur d'avoir peur» de tout et de rien occasionnant des circonstances malheureuses autour de soi, sont des symptômes d'un manque de paix profonde.

Alors comment être et faire pour acquérir et jouir de la santé spirituelle ? En voici les ingrédients indispensables.

A-1-2 Les effets de la santé mentale-psychique

Entouré de grâces est, l'individu jouissant d'une excellente santé émotionnelle. Ces grâces se manifestent par des effets tangibles suivants.

Le premier effet unique, de cette acquisition est de pouvoir disposer de plus de temps malgré les tâches journalières, pour vous aimer, pour aimer le Divin en vous et autour de vous, en l'occurrence votre famille immédiate. Le temps étant une conception humaine, il prend désormais une autre signification pour vous, vous permettant d'accomplir davantage de choses en moins de temps. Ce qui vous libère plus de temps pour vous occuper de ce qui est important pour vous : Expérimenter la joie, vous aimer, aimer le Divin et manifester cet amour en toute situation.

Par ce que, entouré de grâces votre joie de vivre communicative met sur votre chemin des opportunités favorables, provoquant des circonstances de vie de plus en plus satisfaisante et positive.

Cet état de grâces permanent vous confère de développer davantage de respect, de sincérité en étant de plus en plus en affinité avec les gens qui vous entourent.

Le deuxième effet, vraiment tangible se manifeste par votre amour plus prononcé de votre corps physique, vous sentant de mieux en mieux en vous-même ; ce qui vous permet de laisser plus de place au Divin en vous de se dévoiler davantage au monde pour rayonner dans votre vie et dans vos activités. La recherche de la pureté en tout et partout fait désormais partie de nouvelles aptitudes et attitudes générées par votre santé mentale.

Votre joie de vivre amplifie votre paix intérieure et vous êtes de plus en plus en harmonie avec la nature, avec les arbres, les plantes, les fleurs, avec les animaux, les oiseaux, les pierres et les minéraux. Votre joie déborde et embrasse tout ce que vous touchez.

Le troisième effet, se répercute sur vos manières d'inter agir avec vos émotions et avec celles des autres de votre entourage, en fonction de vos valeurs personnelles fondées sur votre amour de vous-même, du Divin en vous.

Ainsi vos communications inter humaines sont plus plaisantes parce que basées essentiellement sur l'affinité, la sincérité et le respect de soi et des autres.

Par conséquent, vous canalisez plus aisément vos émotions et vous permettez aux gens de votre entourage d'essayer de vous suivre en exemple.

La santé intégrale étant votre objectif, non seulement vous évitez de vous stresser par quoi que ce soit ou par qui que ce soit, mais surtout vous vous créez les conditions favorables à la paix en tout, et partout. Cela vous est facile à vivre par ce que vous savez que tout provient de votre intérieur et donc du Divin en vous.

Malheureusement, lorsque l'être humain ne se sent pas bien en lui-même, n'aime pas sa vie ni la Vie tout court, c'est parce que sa santé mentale est déficiente. Cet état de santé génère et accroit sa morosité, sa démotivation et son découragement, en plus du laisser-aller de son corps physique.

Avant d'aborder les attitudes nécessaires et indispensables pour acquérir et jouir d'une excellente santé émotionnelle, je précise que le Créateur Dieu est Amour inconditionnel. Quel que soit l'état dans lequel vous vous trouvez présentement par rapport à votre santé mentale, votre joie de vivre, il suffit de vous tourner vers Lui, et tout se rétablira en vous et autour de vous.

A-1-3 Les effets de la santé physique

Lorsque vous permettez à l'énergie que vous êtes de remplir d'une manière excellente, ses fonctions de production, de maintien, de conservation, et de rayonnement du magnétisme et de la lumière dans votre corps et sur votre corps physique, vous êtes en parfaite santé. Cet excellent état de santé, se manifeste de façon tangible dans votre vie quotidienne.

Le premier effet, se caractérise par un débordement de vitalité physique qui vous permet de réaliser sans effort tout ce que vous entreprenez durant la journée.

Conséquemment, cette vitalité se meut en dynamisme, en auto motivation et en mobilisation des gens de votre entourage autour des aspirations communes.

Le deuxième effet, se note grandement dans votre humeur positive, constructive, contagieuse ne laissant personne indifférente sur votre passage. Cette attraction d'abord intérieure étant donné que vous aimez davantage votre corps physique, facilite une excellente communication inter humaine, rendant votre quotidien toujours plus agréable.

Le troisième effet, d'une excellente santé est visible dans une plus grande clarté de vos idées, générée par une plus grande sérénité et une meilleure prédisposition aux pensées novatrices et inspirées. De ce fait, vous avez une plus grande facilité de prise de décision vous concernant et concernant autrui.

Ce qui est extraordinaire avec les effets de la santé physique, c'est l'accroissement de votre capacité d'acquisition de la paix intérieure et de la joie de vivre. Cela va sans dire, puisque votre corps physique est le temple du Divin en vous, source de la santé spirituelle et de la santé psychique, votre corps physique en excellente santé ne peut que favoriser cet accroissement.

Pour vous permettre d'être aux aguets concernant votre corps physique, sachez que les signes et symptômes d'une faible voire, d'une déficiente santé physique sont visibles dans les éléments suivants :

- Manque d'énergie et donc d'un manque de vitalité perceptibles dans la réalisation des activités même routinières

- Difficulté à aimer son corps et à aimer la vie et ses bienfaits

- Absence du pouvoir d'attraction des idées et également des gens dans son entourage

- Difficulté à reconnaitre que son corps est un trésor divin et refus voilé d'accepter l'existence du Créateur-Dieu.

Le quatrième et dernier effet positif d'une excellente santé physique, se remarque dans vos capacités de gestion du stress et des émotions.

Ayant des idées et des pensées de plus en plus claires, vous êtes à même d'établir en vous des dialogues intérieurs positifs permettant de contourner facilement les ravages de circonstances hostiles ou sévères autour de vous.

Sachant que l'énergie du corps physique comme toute autre énergie, se doit d'être ménagée, vous aurez toujours tendance à vous prémunir face au stress et à ses séquelles. Automatiquement, vous augmentez votre amour pour le Divin en vous afin d'acquérir plus de santé spirituelle, terreau de la santé physique.

Je vais clore ce paragraphe sur les effets d'une parfaite santé physique, en vous rappelant que la santé physique est certes maintenue et accrue grâce aux apports que la nature nous permet d'obtenir par nos cinq sens, mais c'est la santé spirituelle et donc le Divin en vous qui en est la véritable source.

A-1-4 Les effets de la santé inter humaine familiale

Le premier effet d'une santé familiale excellente est perceptible dans les relations respectueuses et conviviales empreintes de joie de vivre et de partager des membres d'une famille. C'est la manifestation de l'amour qui y prédomine permettant à tous et à chacun des membres de privilégier l'harmonie en suprématie sur toute discorde dont on cherche et on trouve rapidement ses causes et ses solutions.

Le deuxième effet généré par l'unité qui règne dans une famille en excellente santé inter humaine se caractérise par une ambiance tissée serrée de ses membres lors des moments aussi bien joyeux que pénibles, ramenant toujours au premier plan l'amour de soi, l'amour pour le Créateur-Dieu

Le troisième effet que l'on peut réellement sentir lorsque la famille vit dans l'équilibre des valeurs et en équilibre les uns par rapport aux autres, est avant tout un état de résilience facilité et favorisé par des échanges nourris par la tolérance et l'esprit du pardon.

Les effets collatéraux de cet état merveilleux se traduisent par un accroissement de la paix intérieure et d'une meilleure santé physique des membres de la famille.

En fait ces effets majeurs manifestés par l'harmonie, l'unité et l'équilibre traduisent la prépondérance du Partage et de la Foi en l'Univers-Dieu ; ce qui manque dans une famille ne connaissant pas une santé inter humaine excellente.

Le quatrième effet de l'état excellemment harmonieux, uni et équilibré dans une famille, se traduit d'une part, par une plus grande maitrise des émotions grâce à de franches communications directes et sincères et d'autre part, par une gestion harmonieuse des stress.

Tout en reconnaissant la réalité des circonstances qui peuvent occasionner des frictions et autres évènements malheureux, les membres mettent toujours de l'avant le fait et le postulat de cette loi : **« L'Amour est plus fort que la Haine »** Sans toutefois devenir nécessairement idéaliste, toute famille humaine peut et se doit de vivre dans l'harmonie, l'unité et l'équilibre si elle veut atteindre son objectif ultime, qui est de manifester l'amour du Créateur-Dieu Amour dans la société humaine sur terre.

A-1-5 Les effets de la santé inter humaine professionnelle

Lorsque vous accomplissez l'activité que vous aimez et qui vous passionne et, pour laquelle qui plus est, vous êtes doué(e), voici les effets directs qui en découlent pour vous et pour votre **entourage :**

Le premier effet vous permet de vous sentir aimé, valorisé, ce qui vient renforcer votre joie de vivre qui à son tour devient contagieuse sur les gens qui y sont impliqués. Ce premier effet à lui seul a des répercussions non seulement sur votre santé mentale ou sur votre santé physique, mais aussi sur les membres de votre famille ; sans compter la paix intérieure que vous dégagez et votre amour grandissant pour le Divin en vous. La recette pour vous épanouir d'une manière intégrale, c'est d'accomplir une activité qui vous passionne et qui vous permet de révéler votre génie intérieur.

Le deuxième effet d'une excellente santé inter humaine professionnelle se traduit par une rémunération financière optimale et équilibrée, voire abondante et aussi, par un regain d'énergie créatrice, vous permettant de vous surpasser dans la réalisation de votre activité.

Conséquemment, vous constaterez que vous vous améliorez sans cesse et vos talents s'affinent de plus en plus chaque jour que vous touchez à votre activité.

Le troisième effet est le prolongement des effets de votre amour pour le Divin en vous et en même temps, est la conséquence de votre dosage d'amour pour le travail par rapport les quatre premières richesses de la vie. Le fait que vous accordez de l'importance à votre paix intérieure, à votre joie de vivre, à votre santé physique, et à votre famille, avant de donner le meilleur de vous dans votre activité, a un impact tonifiant sur vous et sur votre relation inter humaine professionnelle; et tout le monde de votre entourage en profite constructivement.

Malheureusement, lorsque le dosage d'amour du travail ne respecte pas la hiérarchie de la santé intégrale, en faisant du travail la priorité des priorités, vous mettez à risque votre santé physique sans compter l'épuisement professionnel qui se répercute directement sur votre santé émotionnelle, affectant du coup votre joie de vivre. Imaginez un peu ce que cet amour exagéré du travail peut occasionner comme ambiance au sein de la famille pour ne citer que ces relations inter humaines !

Le quatrième effet démontre clairement que la joie de servir, d'aimer son travail, en s'aimant soi-même d'abord et par-dessus tout, en aimant le Divin en soi, place tout individu qui s'y adonne de cette manière, à être moins stressé, le rendant respectueux de la paix des autres et tolérant dans le partage des valeurs fondamentales de la vie.

Travailler, c'est rendre un service utile et agréable à autrui en se faisant plaisir à soi-même et en rendant grâces au Créateur-Dieu en chacun de nous ; afin de recevoir valorisation et rémunération en proportion de nos talents et dons reçus.

A-1-6 **Les effets de la santé inter humaine sociale**

Dans le dosage d'amour des 7 richesses de la vie, la santé inter humaine sociale parfaite doit être avant tout « égoïste » pour pouvoir jouir agréablement des bienfaits de l'amitié. En le vivant de cette manière, voici les effets tangibles que vous obtenez.

Le premier effet qui se manifeste se caractérise par un besoin d'abord de solitude intérieure puis de solitude extérieure équilibrée et mieux réfléchie.

Indirectement, cet effet vous permet d'être plus proche de vous-même et de vos ressentis corporels, vibratoires et subtils.

Automatiquement, vous vous comprenez mieux, vous vous aimez davantage ; et votre confiance en soi s'exalte

Le deuxième effet se perçoit dans l'intensité et la fréquence de votre paix intérieure qui fait de vous un individu plus que joyeux, un être heureux parce que votre amitié avec votre Moi intérieur devient plus intense et permanente. La joie de vivre s'étant maintenant emparée de vous quotidiennement, vous êtes de plus en plus sociable en commençant par votre entourage immédiat familial.

Votre amour pour le Divin en vous est plus palpable parce que vous savez pertinemment que c'est cet amour qui vous fait être plus joyeux et plus tendre avec vous et envers les autres.

Le troisième effet est perceptible dans vos rapports inter humains qui sont de plus en plus francs et sincères et vous êtes en résonnance avec des amis potentiels cultivant et prônant les valeurs que vous véhiculez. Votre amitié sociale est fondée sur le partage véritable empreint de Foi et d'altruisme non calculé.

Vous aimant, entouré de gens sincères et aimables vous cultivez la sérénité et toute situation conflictuelle et stressante est mise hors de vos champs d'inter action avec les amis et même avec tous les autres humains.

A-1-7 Les effets de la santé inter humaine financière

L'argent est le symbole de la manifestation de l'unité qui existe entre tous les êtres humains nonobstant les différences de statut, de race, de religion, de politique, de culture et autres, présentes sur la Terre. Pour preuve, lorsque vous acquérez le fruit de vos activités qu'est l'argent vous le faites circuler sous forme de paiement de biens et services ou de dons.

Le premier effet majeur d'une parfaite santé inter humaine financière se perçoit définitivement d'abord dans votre fierté de pouvoir obtenir la compensation attendue pour votre service rendu. Ensuite, viennent, la Liberté qui elle-même est nourrie par la tranquillité d'esprit et la puissance de la possession illimitée de biens matériels et de services.

Le deuxième effet est l'accroissement de vos ressentis de paix intérieure alimentée par votre tranquillité d'esprit, ce qui ne fait qu'augmenter l'intensité de votre amour pour le Divin en vous, pour vous-même et pour les membres de votre famille. Il faut ajouter à ces impacts, votre passion pour votre activité qui n'a plus de limites.

Le troisième effet se traduit par une suite logique de votre joie de vivre grandissante perceptible dans la gestion de vos émotions et du stress. Respectant la chronologie de la santé intégrale, votre abondance financière et matérielle vous permet de mieux comprendre les autres et de mieux tolérer les aspirations des uns et des autres. Votre sérénité accroit votre confiance en soi et vous développez un esprit altruiste sincère et véritable.

Vos valeurs de vie étant à la bonne place, vous continuez d'adorer l'argent afin d'en donner davantage à ceux qui en ont vraiment besoin.

Par contre, en ne respectant pas la chronologie de la santé intégrale, vous préférez vénérer l'argent au lieu du Créateur Dieu. Indubitablement, les impacts sont d'autant plus visibles que vous persistez dans cette voie, minant votre paix intérieure, vote joie de vivre sans oublier l'amour des membres de votre famille.

Maintenant, lorsque votre santé inter humaine financière est déficiente par manque d'argent, gardez la Foi que tout peut toujours se replacer, en relisant plusieurs fois ce livre et en appliquant les mécanismes qui y sont suggérés. Par expériences vécues personnellement, je peux vous assurer que votre santé inter humaine financière deviendra bonne voire parfaite dépendamment de votre intensité d'amour mise sur le Créateur Dieu.

ANNEXE B

AIDE MÉMOIRE Mécanismes

B-1-Les mécanismes pour chacune des 7 richesses

B-1-1- Mécanismes pour la santé spirituelle

Pour acquérir une excellente santé spirituelle, habituez-vous à effectuer l'harmonisation intérieure le plus simplement possible. Aussi, chaque jour avant de vaquer à vos occupations journalières, prenez au moins 5 minutes pour vous unir au Divin qui est en vous en décidant et en désirant être en contact avec Lui.

Considérez que le Divin en vous, est Amour-Sagesse-Beauté ou Lumière-Vie-Amour. Pour développer votre intimité avec le Divin, adoptez les attitudes suivantes à savoir :

- Tournez votre attention dans l'espace de votre cœur, communiquez avec Lui en vous débarrassant de toutes vos préoccupations, questionnements, soucis du moment ; dans un état de calme et de détente.

- Demeurez en silence dans cet espace sacré en vous laissant absorber par l'amour, la sagesse et la vérité, en étant certain(e) que vous êtes aimé(e) par Lui.

- Ainsi pour témoigner et manifester votre amour à l'Univers-Dieu en vous, il suffit seulement de vous laisser bercer par Son amour et de vous inonder par sa lumière.

- Laissez-vous ressentir cette vague d'amour qui se traduit par une paix intérieure unique à chaque être humain, et visualisez-la comme un océan de lumière qui circule dans tout votre organisme.

- Partagez en pensée avec tous les êtres humains en tous lieux, cette paix reçue en demandant au Créateur en vous de leur en procurer également.

- Après cette période d'harmonisation qui idéalement ira en s'intensifiant en durée et en amour, développez l'habitude de ne voir que le bien, le bon et le beau, en toute situation et en toute personne humaine. Que vos attitudes de vie quotidienne soient toujours empreintes de pensées positives envers vous-même et envers autrui.

- Recommencez chaque jour, encore et encore, et vous serez émerveillé (e)!

B-1-2-Mécanismes pour la santé mentale-psychique

D'emblée je précise que les outils ou les attitudes mentales à adopter pour jouir d'une excellente santé émotionnelle, paraissent tellement simplets que l'on a tendance à les banaliser.

Lorsque vous disposez du temps, jumelez ces outils à votre période d'acquisition de la paix intérieure, et poursuivez tout au long de la journée; vous n'en serez qu'émerveillé(e). De quoi s'agit-il ?

- Il s'agit de remercier l'Univers-Dieu qui est en vous pour tous les bienfaits que vous avez déjà reçus et pour les bienfaits dont vous attendez leur manifestation

- Il s'agit de vous dire explicitement que vous vous aimez en vous appelant par votre prénom usuel, et si possible en esquissant un léger sourire surtout lorsque vous êtes devant un miroir ; ainsi : **« Jeannette, je t'aime vraiment »**

- Dites au Divin en vous que vous l'aimez par-dessus tout ce qui est sur terre comme au ciel.

- Cherchez, trouvez et manifestez tout ce qui vous procure de la joie et incorporez cela dans votre quotidien

- Dites-vous souvent avec conviction et sincérité que vous êtes heureux (se) et vous vous surprendrez à vous voir heureux (se).

En fait, pour être en excellente santé psychique, prenez l'habitude quotidienne d'imposer avec douceur à votre mental ce que vous désirez, envisagez d'être et votre mental vous obéira. Puis, aimez le Créateur Dieu, aimez-vous, aimez l'univers tout entier.

Je termine avec ces outils en citant un Philosophe inconnu : « Lorsque vous quitterez votre corps physique, à votre décès, votre âme emportera avec elle vos joies, et vos souffrances ; pensez à vous faire plus de réserve de plaisir qu'autrement ! »

B-1-3- Mécanismes pour la santé physique

Le corps physique est le temple du Divin et donc du Créateur-Dieu en vous qui en est la Propriétaire.

Afin que vous puissiez continuer de jouir de ce trésor qu'est la santé physique et surtout pour qu'elle soit excellente, prenez l'habitude d'effectuer quotidiennement, ce qui suit :

- À votre réveil, le matin, rendez grâce au Divin qui vous permet de recouvrer la vie, et la conscience, en disant le plus possible le mot Merci, en le sentant dans tout votre organisme physique, avec une formule de ce genre `` Père qui habites mon cœur, je te dis merci pour ma vie, ma santé et ma conscience éveillée. Merci pour tous mes bienfaits reçus et merci pour les bienfaits qui sont en route vers moi maintenant. `` Vous pouvez ajouter d'autres motifs de remerciements, l'essentiel est que vous ressentez ce merci dans tout votre être. Le soir avant de vous endormir, remettez votre corps à son Propriétaire afin qu'il veille sur votre santé physique.

- Le temple qui abrite le Divin étant à considérer comme un lieu sacré, gardez-le toujours propre et beau, en vous imaginant posséder un véhicule avec lequel vous interagissez avec les autres êtres humains et avec la nature et ses éléments.

- Nourrissez votre corps physique de repas sains que vous aimez vraiment, et qui vous procurent de l'énergie nécessaire à la production des autres éléments fondamentaux ; mangez le plus possible 3 fois par jour.

Durant vos repas, évitez de laisser vagabonder votre esprit et concentrez-vous sur ce que vous mangez en saisissant ce moment pour dire encore merci.

- Votre mental pouvant avoir une emprise sur les cellules de votre corps physique, habituez-vous à le nettoyer avec des pensées constructives et positives prônant la santé parfaite plutôt que la maladie et en étant persuadé(e) que votre corps est dans de bonnes mains avec le Divin qui est en vous. Recherchez des opportunités qui vous permettent de sentir l'harmonie dans votre corps physique.

- Communiquez avec le Divin en vous en lui adressant des paroles et des pensées de demandes spécifiques pour vous et pour ceux et celles que vous aimez.

- Prenez de saines habitudes de respirations conscientes régulières durant la journée, dans un état de détente et de relaxation, périodes si courtes soient-elles. Sachez qu'en vous relaxant environ 5 minutes vous accordez à votre corps physique, 1 heure de sommeil profond et bienfaiteur.

- Pour vous lecteurs et lectrices qui lisez ce livre en n'étant pas en bonne santé physique présentement, dites-vous au plus profond de votre cœur que vous voulez guérir et que vous allez guérir. Mettez en pratique les suggestions de ce livre, pardonnez-vous et pardonnez aux autres. Mettez-y un grain d'humour en vous imaginant en excellente santé, et croyez-y ; vous pourriez en être agréablement surpris(e) !

B-1-4- Mécanismes pour la santé inter humaine familiale

La santé inter humaine familiale est une affaire d'équipe et d'énergie collective. Alors que votre paix intérieure est directement reliée à l'intensité de votre amour envers le Divin en vous, l'excellence de la santé dans la famille est conditionnée par le dosage de l'amour que chaque membre y met. Ceci étant, voici les outils qui sont appropriés pour jouir d'une excellente santé inter humaine familiale :

- En tout premier lieu, la croyance en l'existence de l'Univers-Dieu Créateur et Amour doit une réalité expliquée, comprise et vécue librement, dans un esprit de partage, de recherche et de perfectionnement afin d'exprimer au quotidien l'essence de l'amour familial, parental, conjugal, et filial.

- Prôner, vivre et entretenir chaque jour des pensées d'harmonie, d'unité et d'équilibre, par des habitudes de la prière et d'harmonisation intérieure

- Reconnaitre et faire prendre conscience à chaque membre de la famille de sa position privilégiée de faire partie d'une famille et d'en être aimé

- Le matin au réveil, le soir avant de s'endormir, chaque membre de la famille doit remercier le Créateur et lui demander de continuer à entourer sa famille des vibrations d'amour et d'harmonie, pour bénéficier d'un avancement personnel et spirituel progressif et constant

- Chacun doit prendre l'habitude d'exprimer son amour aux autres membres par des gestes, des paroles, des regards, par des pensées. Aussi dire au plus profond de soi et du cœur «Je t'aime » verbalement ou mentalement

- Prendre l'habitude de s'enquérir de l'état de la triple santé (spirituelle-mentale-physique) des uns et des autres. Aussi désamorcer tout nid de conflit potentiel et chercher et trouver immédiatement l'harmonie là où elle pourrait manquer.

- Pour que l'harmonie ne soit pas un mot abstrait, développer l'habitude de communiquer le plus possible et le plus souvent possible toujours avec amour et en toute vérité, facilitant et générant ainsi la sagesse dans les pensées, paroles et dans les actes des membres de la famille. Pourquoi une telle habitude ? Tout simplement parce que la clé de l'harmonie réside dans la Vérité, la porte de l'harmonie est constituée par l'Amour, et la matérialisation de l'harmonie s'imprime dans la Sagesse. Vérité-Amour-Sagesse, sont inter reliés avec l'harmonie, l'unité et l'équilibre, indispensables à la santé inter humaine familiale excellente.

J'ose croire que vous prenez plaisir en lisant ce livre et que la compréhension que vous avez maintenant des quatre premières richesses, vous démontre suffisamment que jouir et garder une excellente santé intégrale, est aisé et naturel.

Il vous suffit de décider, de vouloir, et de désirer avec gratitude incessante, d'aimer le Divin en vous, vous aimer, vous donner de la joie, prendre soin de votre corps physique, d'aimer les membres de votre famille, et en exprimant cet amour à autrui au quotidien.

B-1-5- Mécanismes pour la santé inter humaine professionnelle (Le Travail)

Pour pouvoir expérimenter la joie au quotidien en accomplissant toute activité quelle qu'elle soit et jouir donc d'une santé inter humaine professionnelle, voici les balises nécessaires et indispensables.

Tout d'abord, faites un effort de bannir de votre mental l'idée qui consiste à vouloir travailler pour gagner votre vie. Remplacez cette idée par l'attitude mentale qui consiste à désirer travailler pour rendre un service utile et nécessaire pour recevoir en retour les bienfaits spirituels, émotionnels et financiers, de ce service réalisé.

Ensuite, cherchez à identifier et à savoir l'activité que vous aimez vraiment réaliser en échange de l'argent et de tous les autres avantages afférents. Dans cette recherche demandez l'aide du Divin en vous afin que cette activité corresponde à vos valeurs profondes et surtout que cette activité serve le but de votre âme sur la terre.

Au quotidien dans votre activité, faites en tout temps de votre mieux en donnant le meilleur de vous-même, et en associant autrui à votre propre avancement.

Que votre activité soit votre passion tout en gardant une place de choix à votre propre bien-être spirituel, émotionnel, physique et familial.

Aimez votre activité, aimez les gens avec qui vous travaillez, soyez un soleil de bien et d'amour autour de vous.

Remerciez le Créateur-Dieu pour vos talents, pour votre activité, et demandez-Lui à être de plus en plus meilleur(e) au jour le jour. Confiez-Lui votre activité le matin avant de commencer son accomplissement et remettez-la à Lui le soir avant de vous coucher et vous endormir.

Si présentement, votre activité actuelle ne correspond pas à ce que vous voulez et ne répond pas à vos intérêts, aimez-la quand même tout en insistant auprès du Créateur-Dieu de vous conduire, vers l'activité du but de votre âme. Croyez-y et remerciez d'avance pour cela.

Pour clore ce chapitre sur le travail, sachez que votre activité se doit d'être l'outil de votre perfectionnement, de votre épanouissement, de votre valorisation, de l'expression de votre amour, afin que chaque jour soit un jour de joie et de réalisation gratifiante si infime soit-elle.

B-1-6- Mécanismes pour la santé inter humaine sociale

(L'Amitié)

L'amitié véritable est celle qui existe entre vous et vous-même et entre vous et le Divin en vous ; c'est ce lien tendre et imperturbable qui vous permet de dialoguer, de partager et d'échanger avec votre Ami intérieur qui est Dieu en vous.

En étant profondément ami de cette manière, vous serez branché(e) sur des êtres humains qui vibrent en résonnance avec vous au niveau de vos valeurs entre autres. Conséquemment, vous jouirez aisément des bienfaits de la santé inter humaine sociale. Voici les mécanismes qui vous aideront à connaitre le bonheur issu de l'amitié franche et sincère.

En premier lieu, demandez explicitement que vous désirez être ami(e) avec vous-même et avec le Divin en vous. Ce point est très important car, si vous ne demandez pas vous ne pouvez pas recevoir ; ce n'est pas parce que le Divin est en vous et sait tout, qu'il fera tout ce que vous voulez sans votre accord. Vous êtes créé libre et vous toujours le choix de vous fier sur votre mental ou sur la conscience divine en vous.

Une fois cette demande faite et établie dans vos cellules corporelles, établissez les valeurs de vie fondamentales qui vous font vibrer telles que le respect, l'amour, la tolérance, etc.., et intégrez-les également dans votre être.

Ensuite, si le besoin d'avoir des amis sociaux vous semble évident et nécessaire, laissez venir à vous les gens de votre entourage dont les valeurs répondent aux vôtres, et mettez le focus sur les points d'intérêt qui vont baliser cette amitié.

Enfin, cette amitié sociale à l'image de votre amitié intime se doit d'être vécue avec un souci de partage, d'échange dans la Foi en l'Univers-Dieu, sur des balises de sincérité et de franchise.

B-1-7 Mécanismes pour la santé inter humaine financière

(L'Argent)

Tout d'abord, enlevez de votre mental l'attitude qui consiste à vouloir gagner de l'argent et la remplacer par l'attitude qui consiste à vouloir recevoir de l'argent. Car, vous offrez vos qualités, vos talents, en rendant un service utile et en retour vous recevez la compensation correspondante.

Maintenant, reconnaissez que toutes les richesses de la terre appartiennent au Créateur Dieu y compris l'argent, et admettez que tout argent que vous recevez est l'œuvre du Créateur Dieu. Soyez-en reconnaissant(e) car ces richesses sont à vous. Vous en êtes le (la) dépositaire.

Identifiez et déterminez tout ce que vous pouvez et tout ce que vous aimez offrir pour vous attendre à recevoir en compensation de l'argent ; c'est cela que vous pouvez qualifier par activités.

Consacrez-vous corps et âme à cette activité, aimez-la, chérissez-la, surpassez-vous à vouloir la rendre plus que parfaite au jour le jour.

Chaque jour, vénérez le Créateur Dieu, prenez le temps pour acquérir, entretenir, et développer votre paix intérieure, et votre santé mentale émotionnelle. Suivez méthodiquement avec amusement les mécanismes décrits dans ce livre pour les 7 richesses et, ou incorporez-les à des mécanismes similaires pouvant donner les mêmes résultats que ceux du présent livre.

Demandez que vous désiriez, vivre dans l'abondance matérielle et financière si tel est votre souhait. Imaginez que vivez dans l'abondance matérielle de tous les biens que vous désirez, et laissez l'Univers-Dieu vous les donner par les voies qui sont les Siennes.

Aimez recevoir de l'argent, adorez recevoir de l'argent et glorifiez le Créateur Dieu pour tous les biens matériels que vous recevez par l'argent directement et indirectement.

Soyez en paix en tous lieux et en tout temps, et offrez ; offrez de vous-même pour vous rendre utile à autrui et que les vibrations de la richesse et de l'argent vous accompagnent harmonieusement.

ANNEXE C

Exercices & Suggestions

C-1 Auto évaluation : Chronologie naturelle et universelle de la santé intégrale

Respect chronologique

A- Je suis en accord avec l'ordre chronologique du dosage d'amour des 7 richesses de la vie

Définitivement = 5 Excellent

Absolument = 4 Très bien

Certainement = 3 Bien

Peut-être = 2 Assez bien

Pas du tout = 1 Faible

B- Je respecte cet ordre chronologique dans ma vie

Toujours = 5 Excellent

Souvent = 4 Très bien

Quelquefois = 3 Bien

Rarement = 2 Assez bien

Jamais = 1 Faible

Remarques

Considérez votre auto évaluation comme une sorte d'amusement tout en étant sincère avec vous-même. Notez-vous à la fin de la lecture de ce livre, confirmez cette note dès le démarrage de vos pratiques quotidiennes.

Au bout d'un délai que vous jugerez suffisamment long et étalé, refaites une autre auto évaluation pour constater vos progrès.

Pour A

Si vous avez une moyenne située entre 3 et 5, vous êtes en accord avec les lois naturelles et universelles.

Si vous avez une moyenne entre 1 et 3, vous avez intérêt à relire le contenu du livre pour vous approprier les raisons qui militent à cet accord avec les lois naturelles universelles.

Pour B

Si vous avez une moyenne entre 3 et 5, vous faites partie des gens privilégiés et heureux de la vie.

Si vous avez une moyenne entre 1 et 3, c'est l'occasion pour vous de mettre en pratique les mécanismes d'acquisition d'une santé intégrale harmonieuse.

C-2 Application pratique des Mécanismes des 7 richesses de la vie

Suggestions en milieu de travail

Bien que le présent livre soit destiné à un large public, je suggère aux entrepreneurs et chefs d'entreprise en leur possession, de pouvoir en faire bénéficier leurs collaborateurs, responsables, et employés, s'ils le désirent.

Voici la forme que pourrait prendre cette implication.

1- Informez les ressources humaines de l'entreprise de la publication du livre et surtout de la nécessité d'appropriation des mécanismes d'acquisition des 7 richesses de la vie

2- Conseiller aux ressources humaines de se procurer un exemplaire du livre s'ils le veulent, et surtout prôner auprès d'elles les bienfaits à en retirer, en le vivant et en servant d'exemple.

L'accent serait d'autant plus significatif pour les employés lorsqu'ils constatent que le chef de l'entreprise lui-même s'accorde un peu de temps d'arrêt périodique pour s'harmoniser et se ressourcer.

Ainsi, cette pratique pourra faire partie intégrante des politiques de l'entreprise.

3- Considérer l'entreprise comme une entité familiale et faire des efforts pour appliquer les mécanismes pour la santé inter humaine familiale ; le chef d'entreprise jouant le rôle du responsable de la famille.

De plus, il faut encourager chaque employé de s'inspirer des mécanismes d'acquisition de la santé inter humaine professionnelle pour faire de sa fonction ou de sa tâche une passion

La Quatrième de Couverture

Tout le monde s'entend et s'accorde pour considérer que la santé est le cadeau le plus précieux que le Créateur Dieu nous a donné ; car par expériences et cas vécus, l'on sait que lorsque la santé va bien, presque tout va bien.

Très souvent, l'on a tendance à ne cibler que la santé physique du corps humain, dès fois l'on se soucie de la santé mentale-émotionnelle, mais très peu souvent l'on pense à la santé spirituelle de l'humain.

La santé spirituelle, c'est la santé de votre âme qui vit et demeure dans votre corps physique.

Or, la santé de l'âme est primordiale, car elle conditionne toutes les autres sphères de votre vie.

Ce n'est que de la pure logique. C'est parce que votre âme réside et vit en vous, que vous existez et vivez.

Pensez-vous que vous êtes vraiment en santé, lorsque tandis que jouissant d'une excellente santé physique, votre santé inter humaine familiale bat de l'aile, ou que votre santé inter humaine sociale laisse à désirer ?

Pour être en accord et en harmonie avec les lois naturelles et universelles, le meilleur moyen c'est de rechercher à acquérir une parfaite santé dans les 7 sphères de la vie sur terre ; sphères que je nomme les 7 richesses ou les 7 trésors de la vie. **C'est la voie pour acquérir la santé intégrale.**

Comment y arriver ? Procurez-vous ce livre que vous parcourez en ce moment, lisez-le avec amusement, curiosité si besoin est, avec sérieux et appliquez-en son contenu sincèrement.

Vous en serez émerveillé(e). C'est ce que je vous souhaite de tout mon cœur. Merci.

Que l'Amour vous enveloppe et vous guérisse !

Qui est Ayé Victor AKPAKI

Je suis le Créateur de la méthode H.I.R.I.H. (Harmonisation intégrale des relations inter humaines), Expert-accompagnateur de cheminement de vie, Expert coach en H.I.R.I.H., au sein des entreprises depuis 1981 dont les 27 dernières années au Québec Canada.

Détenteur d'une maitrise en gestion et développement des entreprises de l'Université de Sherbrooke, je suis également diplômé en Para psychologie avec concentration Numérologie.

En tant que chercheur en spiritualité depuis plus de 30 ans, et ayant eu l'opportunité et le privilège de conseiller et de former des centaines de dirigeants et d'employés, durant ma carrière, mon intention est de partager avec des milliers, voire des centaines de milliers de gens, des outils précieux en matière de développement personnel et spirituel afin de contribuer à leur ascension individuelle.

Ce cinquième livre, fruit des résultats de ma méthode H.I.R.I.H, a pour but ultime de conscientiser davantage de gens sur la planète Terre sur les bienfaits de la Santé intégrale qui est générée par un dosage précis, respectueux des lois universelles, des 7 trésors de la vie. Plus nous serons nombreux à être en santé intégrale parfaite, mieux nous nous porterons pour enrichir notre ascension individuelle et collective

ÉDITIONS OSE AGIR A.V.AKPAKI CRÉATEUR DE LA
MÉTHODE H.I.R.I.H.

ÉDITIONS OSE AGIR A.V.AKPAKI CRÉATEUR DE LA
MÉTHODE H.I.R.I.H.

ÉDITIONS OSE AGIR A.V.AKPAKI CRÉATEUR DE LA
MÉTHODE H.I.R.I.H.

www.ingramcontent.com/pod-product-compliance
Lightning Source LLC
Chambersburg PA
CBHW071712090426
42738CB00009B/1747